落笔成章
毛泽东妙用诗文典故

曾珺 ◎ 著

人民东方出版传媒
People's Oriental Publishing & Media
东方出版社
The Oriental Press

目录

序 / 11

信 念 篇

生死安足论——
摘自南宋·文天祥《正气歌》/ 003

人固有一死，死或重于泰山，或轻于鸿毛——
摘自西汉·司马迁《报任安书》/ 007

鞠躬尽力，死而后已——
摘自三国（蜀汉）·诸葛亮《后出师表》/ 011

民不畏死，奈何以死惧之——
摘自春秋·老子《老子·第七十四章》/ 014

黄沙百战穿金甲，不破楼兰誓不还——
摘自唐·王昌龄《从军行七首》（其四）/ 017

登高壮观天地间，大江茫茫去不返——
摘自唐·李白《庐山谣寄卢侍御虚舟》/ 023

为 政 篇

我劝天公重抖擞，不拘一格降人材——
摘自清·龚自珍《己亥杂诗》/029

函关月落听鸡度——
摘自明·高启《送沈左司从汪参政分省陕西汪由御史中丞出》/032

贤者在位，能者在职——
摘自战国·孟子《孟子·公孙丑上》/037

百姓足，君孰与不足——
摘自春秋·孔子《论语·颜渊》/040

君子之泽，五世而斩——
摘自战国·孟子《孟子·离娄下》/044

仁义不施，而攻守之势异也——
摘自西汉·贾谊《过秦论》/047

劝 学 篇

君子之志于道也，不成章不达——
摘自战国·孟子《孟子·尽心上》/053

莫道君行早——
摘自明清之际·《增广贤文》/058

人不通古今，马牛而襟裾——
摘自唐·韩愈《符读书城南》/063

心之官则思——
摘自战国·孟子《孟子·告子上》/066

知之为知之，不知为不知，是知也——
摘自春秋·孔子《论语·为政》/069

逝者如斯夫——
摘自春秋·孔子《论语·子罕》/071

尽信《书》，则不如无《书》——
摘自战国·孟子《孟子·尽心下》/076

修 身 篇

人而无信，不知其可——
摘自春秋·孔子《论语·为政》/ 081

言必信，行必果——
摘自春秋·孔子《论语·子路》/ 084

知无不言，言无不尽——
摘自北宋·苏洵《嘉祐集·衡论上·远虑》/ 087

七十而从心所欲，不逾矩——
摘自春秋·孔子《论语·为政》/ 090

黎明即起，洒扫庭除——
摘自清·朱用纯《朱子家训》/ 092

盈缩之期，不但在天；养怡之福，可得永年——
摘自三国魏·曹操《步出夏门行·龟虽寿》/ 095

盛名之下，其实难副——
摘自南朝宋·范晔《后汉书·黄琼传》/ 099

千日行善，善犹不足；一日行恶，恶常有余——
摘自明·吴承恩《绘图增像西游记》/ 102

方 法 篇

言不必信，行不必果，惟义所在——
摘自战国·孟子《孟子·离娄下》/109

引而不发，跃如也——
摘自战国·孟子《孟子·尽心上》/113

避其锐气，击其惰归——
摘自春秋·孙武《孙子兵法·军争》/116

运用之妙，存乎一心——
摘自元·脱脱、阿鲁图《宋史·岳飞传》/119

行成于思——
摘自唐·韩愈《进学解》/122

即以其人之道，还治其人之身——
摘自南宋·朱熹《四书章句集注·中庸章句》/124

临事而惧，好谋而成——
摘自春秋·孔子《论语·述而》/128

一张一弛，文武之道——
摘自西汉·戴圣《礼记·杂记下》/131

立片言而居要，乃一篇之警策——
摘自西晋·陆机《文赋·并序》/134

事出于沈思，义归乎翰藻——
摘自南朝梁·萧统《昭明文选·序》/137

纠　错　篇

兄弟阋于墙，外御其务——
摘自西周·《诗经·小雅·棠棣》/143

覆巢之下，复有完卵——
摘自南朝宋·刘义庆《世说新语·言语》/146

吾恐季孙之忧，不在颛臾，而在萧墙之内——
摘自春秋·孔子《论语·季氏篇》/149

盲人骑瞎马，夜半临深池——
摘自南朝宋·刘义庆《世说新语·排调》/152

既不能令，又不受命，是绝物也——
摘自战国·孟子《孟子·离娄上》/155

犯法者，三原，然后乃行刑——
摘自西晋·陈寿《三国志·张鲁传》/157

迷途知反，往哲是与，不远而复，先典攸高——
摘自唐·李大师、李延寿《南史·陈伯之传》/160

情 谊 篇

悲叹有馀哀——
摘自三国魏·曹植《七哀》/167

欲报之德，昊天罔极——
摘自西周·《诗经·小雅·蓼莪》/173

挥手自兹去——
摘自唐·李白《送友人》/175

嘤其鸣矣，求其友声——
摘自西周·《诗经·小雅·伐木》/180

悲莫悲兮生别离，乐莫乐兮新相知——
摘自战国·屈原《九歌·少司命》/183

秋风万里芙蓉国，暮雨千家薜荔村——
摘自五代·谭用之《秋宿湘江遇雨》/186

投我以木桃，报之以琼瑶——
摘自西周·《诗经·卫风·木瓜》/193

哲 思 篇

天不变，道亦不变——
摘自东汉·班固《汉书·董仲舒传》/ 201

向使当初身便死，一生真伪复谁知——
摘自唐·白居易《放言五首》（其三）/ 204

流水不腐，户枢不蝼——
摘自战国·吕不韦《吕氏春秋·尽数》/ 207

其作始也简，其将毕也必巨——
摘自战国·庄子《庄子·人间世》/ 210

天若有情天亦老——
摘自唐·李贺《金铜仙人辞汉歌》/ 213

夫物之不齐，物之情也——
摘自战国·孟子《孟子·滕文公上》/ 218

沉舟侧畔千帆过，病树前头万木春——
摘自唐·刘禹锡《酬乐天扬州初逢席上见赠》/ 221

一尺之捶，日取其半，万世不竭——
摘自战国·庄子《庄子·天下》/ 226

太仪斡运，天回地游——
摘自西晋·张华《励志诗九首》（其一）/ 229

史 鉴 篇

千人所指，无病而死——
摘自东汉·班固《汉书·王嘉传》/233

卧榻之侧，岂容他人鼾睡——
摘自南宋·岳珂《程史·徐铉入聘》/235

不去庆父，鲁难未已——
摘自春秋·左丘明《左传·闵公元年》/238

五日京兆——
摘自东汉·班固《汉书·张敞传》/241

非圣诬法，大乱之殃——
摘自东汉·班固《汉书·金日磾传》/245

风云帐下奇儿在，鼓角灯前老泪多——
摘自清·严遂成《三垂冈》/247

坑灰未冷山东乱，刘项原来不读书——
摘自唐·章碣《焚书坑》/252

魏帝营八极，蚁视一祢衡——
摘自唐·李白《望鹦鹉洲悲祢衡》/255

时来天地皆同力，运去英雄不自由——
摘自唐·罗隐《筹笔驿》/259

天津桥上无人识，独倚栏干看落晖——
摘自唐·黄巢《自题像》/265

讽 喻 篇

为渊驱鱼,为丛驱雀——
摘自战国·孟子《孟子·离娄上》/271

一叶障目,不见泰山——
摘自战国·《鹖冠子·天则》/274

明足以察秋毫之末,而不见舆薪——
摘自战国·孟子《孟子·梁惠王上》/277

日薄西山,气息奄奄,人命危浅,朝不虑夕——
摘自西晋·李密《陈情表》/280

正其谊不谋其利,明其道不计其功——
摘自东汉·班固《汉书·董仲舒传》/284

群居终日,言不及义,好行小惠,难矣哉——
摘自春秋·孔子《论语·卫灵公》/287

孳孳为利者,跖之徒也——
摘自战国·孟子《孟子·尽心上》/290

足将进而趑趄,口将言而嗫嚅——
摘自唐·韩愈《送李愿归盘谷序》/293

参考书目(古籍部分)/296

序

习近平总书记非常重视对中华优秀传统文化进行创造性转化、创新性发展,多次强调要让"书写在古籍里的文字都活起来"。编著《落笔成章:毛泽东妙用诗文典故》一书,正是落实这一指示精神的具体举措。

以古比今、引古论事、借古抒怀是中国文士进行创作时常用的方法。毛泽东深谙中国传统文化,擅长用典。他在文章和讲话中用典的数量之多、范围之广、技法之妙都是前无古人的。他有时还突破传统,赋予典故以时代新意,抒发对革命和建设的豪情壮志。与毛泽东多有接触的诗人臧克家曾言:"毛泽东在文章和谈话中,常常引用一些典故和成语,连我这个大学文科毕业了四五十年的人,也得去查书。"[1]

《落笔成章:毛泽东妙用诗文典故》一书,旨在向读者介绍毛泽东是如何妙用诗文典故的。该书从毛泽东同志的相关著作中精选出78条诗文典故,分别列入信念、为政、劝学、修身、方法、纠错、情谊、哲思、史鉴、讽喻10篇中。在写作时,作者首先将毛泽东用典的原文引出,然后对典故进行注解,最后加以赏读。通过这种方式,读者可以在了解中国优秀传统文化的同时,充分领略伟人毛泽东旁征博引、涉笔成趣的语言艺术,在千古经典中获得文化浸润与精神升华。

---

[1] 〔《毛泽东同志与诗》(1983年12月30日),《红旗》1984年第2期〕这个客观陈述,充分说明了毛泽东在用典上的深厚功底。

信 念 篇

生死安足论

胡虏多反复，千里度龙山，腥秽待漰，独令我来何济世；
生死安足论，百年会有役，奇花初茁，特因君去尚非时。
——《挽易咏畦联》（一九一五年五月）（《毛泽东早期文稿》，湖南人民出版社2013年11月第一版，第5页）

原典

"生死安足论"摘自南宋·文天祥《正气歌》：

予囚北庭，坐一土室。室广八尺，深可四寻，单扉低小，白间短窄，污下而幽暗。当此夏日，诸气萃然：雨潦四集，浮动床几，时则为水气；涂泥半朝，蒸沤历澜，时则为土气；乍晴暴热，风道四塞，时则为日气；檐阴薪爨，助长炎虐，时则为火气；仓腐寄顿，陈陈逼人，时则为米气；骈肩杂遝，腥臊污垢，时则为人气；或圊溷、或毁尸、或腐鼠，恶气杂出，时则为秽气。叠是数气，当侵沴，鲜不为厉。而予以孱弱，俯仰其间，于兹二年矣，无恙，是殆有养致然。然尔亦安知所养何哉？孟子曰："我善养吾浩然之气。"彼气有七，吾气有一，以一敌七，吾何患焉。况浩然者，乃天地之正气也。作《正气歌》一首。

天地有正气，杂然赋流形：
下则为河岳，上则为日星；
于人曰"浩然"，沛乎塞苍冥。
皇路当清夷，含和吐明庭。
时穷节乃见，一一垂丹青：
在齐太史简，在晋董狐笔，
在秦张良椎，在汉苏武节；
为严将军头，为嵇侍中血，
为张睢阳齿，为颜常山舌；
或为辽东帽，清操厉冰雪；
或为出师表，鬼神泣壮烈；
或为渡江楫，慷慨吞胡羯；
或为击贼笏，逆竖头破裂。
是气所磅礴，凛然万古存。
当其贯日月，生死安足论！
地维赖以立，天柱赖以尊。
三纲实系命，道义为之根。
嗟予遘阳九，隶也实不力。
楚囚缨其冠，传车送穷北。
鼎镬甘如饴，求之不可得。
阴房阗鬼火，春院閟天黑。
牛骥同一皂，鸡栖凤凰食。
一朝蒙雾露，分作沟中瘠。
如此再寒暑，百沴自辟易。
哀哉沮洳场，为我安乐国。
岂有他谬巧，阴阳不能贼？
顾此耿耿在，仰视浮云白。

悠悠我心悲,苍天曷有极!
哲人日已远,典刑在夙昔。
风檐展书读,古道照颜色。

注解

文天祥(1236—1283),初名云孙,字天祥,号文山,吉州庐陵县(今江西吉安)人。宋理宗宝祐四年(1256)状元,历任湖南提刑,知赣州。恭帝德祐元年(1275),元兵渡江,文天祥起兵勤王,开始了他抗元的军事生涯。景炎三年(1278)底被俘,押解元都燕京。被囚四年,拒不投降。元世祖至元十九年十二月初九日(1283年1月)被杀。文天祥是南宋著名的抗元将领、爱国诗人。他的诗作多是在抗元斗争中写就,慷慨激昂,感情奔放,充满着强烈的爱国热情。作品有《文山先生全集》。

《正气歌》是诗人在囚牢中写就。是时,诗人被囚已近三年,虽受尽各种威逼利诱,却始终坚贞不屈。诗前的一段序言,就是记载诗人当时所处的恶劣环境,但他仍以坚强的意志恪守着"臣心一片磁针石,不指南方不肯休"的承诺。在诗中,诗人以齐太史、晋董狐等十二先哲刚直不阿、忠君报国的精神勉励自己,表达了"时穷节乃见,一一垂丹青""当其贯日月,生死安足论"的凛冽正气,读来感人肺腑、荡人心魄。

赏读

易咏畦,即易昌陶,湖南衡阳人,是毛泽东在湖南一师读书时的同班同学和挚友。易咏畦工于文墨,酷爱读书,与毛泽东有着相同的爱好和志向。然而,勤于学业而忽略了体育锻炼的他身体羸弱,于1915年3月病死在家中,年仅22岁。5月,师友为其召开追悼会。会上,异常悲痛的毛泽东含泪写下了这副挽联。

  这副对联中有两处摘用。一处是"千里度龙山",摘自南朝文学家鲍照《学刘公干体五首》(其三),这句诗原本是形容朔雪飞舞气势之迅疾,毛泽东这里意指日、俄等帝国主义列强侵略我国领土的步伐之快。另一处是"生死安足论",摘自南宋爱国诗人文天祥的《正气歌》,意谓国难当头,只有我等胸怀救国救民之热忱的爱国人士才能荡涤污秽,何必在意生死呢?无奈的是,易咏畦所去非时。于国,痛失栋梁;于己,痛失良友。痛哉,惜哉,独留诗人空悲切。挽联语言凝练,意味隽永,虽是一篇悼亡之作,但读后并无凄凄惨惨之感,却让人心中生出一种沉雄豪阔之情,是一篇难得的佳作。

人固有一死，
死或重于泰山，或轻于鸿毛

　　人总是要死的，但死的意义有不同。中国古时候有个文学家叫做司马迁的说过："人固有一死，或重于泰山，或轻于鸿毛。"为人民利益而死，就比泰山还重；替法西斯卖力，替剥削人民和压迫人民的人去死，就比鸿毛还轻。张思德同志是为人民利益而死的，他的死是比泰山还要重的。

　　——《为人民服务》（一九四四年九月八日）（《毛泽东选集》第三卷，人民出版社1991年6月第二版，第1004页）

原典

　　"人固有一死，死或重于泰山，或轻于鸿毛"摘自西汉·司马迁《报任安书》：

　　仆之先非有剖符、丹书之功，文、史、星、历，近乎卜、祝之间，固主上所戏弄，倡优所畜，流俗之所轻也。假令仆伏法受诛，若九牛亡一毛，与蝼蚁何以异？而世俗又不能与死节者次比，特以为智穷罪极、不能自免、卒就死耳。何也？素所自树立使然也。人固有一死，死或重于泰山，或轻于鸿毛，用之所趣异也。

注解

司马迁（约前145—约前90），字子长，左冯翊夏阳（今陕西韩城）人。西汉杰出史学家、文学家。汉武帝元封三年（前108），拜太史令。此后，他一边参加改订历法，一边整理宫廷史料。太初元年（前104），着手撰写《史记》。天汉二年（前99），西汉名将李广之孙李陵战于匈奴，兵败投降。司马迁同情李陵，为其求情，开罪于汉武帝，被下狱，遭宫刑。太始元年（前96），汉武帝改元大赦天下，时年五十岁的司马迁才得以出狱，任中书令。此后，司马迁忍辱负重，专心著书，至征和二年（前91）完成共130篇、52万余字的《史记》。《史记》史料考究、文笔精妙、体例完备，是中国第一部纪传体通史，在中国历史学和文学史上都占有重要地位。后人有"史家之绝唱，无韵之离骚"（鲁迅语）的高度评价。

《报任安书》写于太始四年（前93）。任安，字少卿，西汉荥阳人，时任北军使者护军（监理京城禁卫军北军的官），是司马迁的一个朋友。后卷入戾太子刘据案，被汉武帝下狱，论罪腰斩。任安入狱后写信给司马迁，希望他"尽推贤进士之义"，援救自己。在任安看来，司马迁"尊宠任职"，在皇上身边做事，容易谏言荐贤。殊不知，此时司马迁已是身残辱秽，动辄获咎，无力相助。在任安临刑前，无可奈何的司马迁写了这封著名的回信。

《报任安书》是司马迁苦心孤诣之作，是一篇激切感人的至情散文，是传之千古的不朽名作。在这篇不到三千字的文章中，作者以千回百转之笔、慷慨激昂之气、九曲回肠之情、坚韧不拔之志，控诉了封建专制的残酷，表达了自己的宏远志向和博大胸怀。全文融议论、抒情、叙事于一体，文情并茂，字字血泪，句句衷肠，悲壮雄浑，催人泪下。前人评说："此书反复曲折，首尾相续，叙事明白，豪气逼人。其感慨啸歌，大有燕赵烈士之风；忧愁幽思，则又直与《离骚》对垒。文情至此极矣。"（《古文观止》语）

文章主要内容可分为四个部分：第一部分，介绍任安来信的内容和目的，然后就答复迟缓表示歉意；第二部分，阐述自己遭受腐刑后的羞辱和前因后果，仅仅因为替李陵说了一句公道话就惨遭大刑，作者心中充满极大痛苦；第三部分，陈述自己苟活于世的原因，表明自己要将《史记》传于后世的心志；第四部分是书信的结尾，再次向任安表述羞辱难当的激奋心情，陈述自己无法"推贤进士"的无奈。

赏读

张思德，1915 年生，四川仪陇人。1933 年参加红军，1935 年参加红四方面军长征，后随部队到达延安，1937 年入党。1942 年 11 月调任中央警备团工作，后在延安枣园担任中央领导同志的警卫。

1944 年夏，为解决冬季取暖问题，中央办公厅抽调部分有烧木炭经验的人组成一个烧炭生产队，去安塞县石峡峪（今楼坪乡）打窑烧木炭。张思德同志积极报名参加，并被任命为副队长。他工作认真负责，脏活儿、累活儿抢着干，处处发挥着党员的模范带头作用。9 月 5 日，由于连日阴雨，炭窑突然崩塌。危急时刻，张思德同志奋力将一旁的战友小白推出窑外，自己却被深埋在窑中。这位年仅 29 岁的共产党员用他年轻而炙热的生命谱写了一曲全心全意为人民服务的赞歌。

9 月 8 日下午二时，中央警备团在延安枣园后沟西山脚下的操场上为张思德同志举行追悼大会。毛泽东参加了追悼会并献上花圈挽词："向为人民利益而牺牲的张思德同志致敬！"追悼会上，毛泽东还用近半个小时的时间即席作了题为《为人民服务》的演讲，对张思德同志全心全意为人民服务的革命精神给予了高度评价。

在演讲中，毛泽东将司马迁《报任安书》中的名句"人固有一死，死或重于泰山，或轻于鸿毛"，转化为更为押韵、便于记忆的"人固有一死，或重于泰山，或轻于鸿毛"，来赞颂张思德同志为人民利益而死的崇高精神。"人固有一死，死或重于泰山，或轻于鸿毛"一句，原本只是司马迁表达对生死观的一种心态，毛泽东却以无产阶级唯物历史观的角度，提出了"死"得其所的价值评判标准——"为人民服务"，极大地升华了该句的原意。他解释说："为人民利益而死，就比泰山还重；替法西斯卖力，替剥削人民和压迫人民的人去死，就比鸿毛还轻。张思德同志是为人民利益而死的，他的死是比泰山还要重的。"

这次著名的演讲，经整理后收入《毛泽东选集》第三卷。七十多年来，"为人民服务"五个大字哺育和激励了一代又一代共产党人，成为中国共产党和人民群众心连心、始终保持血肉联系的座右铭。张思德这个名字，也成为永远激励一代又一代人奋斗不息的前进动力。

鞠躬尽力，死而后已

我们延安的同志大多进过党校，在座的同志是参加七大的，你们懂得的东西更多，这是很好的。将来出去，人家一定很尊重你们，需要你们去传达七大精神，大家眼望延安，信仰延安，但是同志们，我们一定要采取上面所说的态度，不当钦差大臣，到任何一个地方，都要"鞠躬尽瘁，死而后已"。

——《在中国共产党第七次全国代表大会上的口头政治报告》（一九四五年四月二十四日）（《毛泽东文集》第三卷，人民出版社1996年8月第一版，第346页）

原典

"鞠躬尽力，死而后已"摘自三国（蜀汉）·诸葛亮《后出师表》：

夫难平者，事也。昔先帝败军于楚，当此时，曹操拊手，谓天下已定。然后先帝东连吴、越，西取巴、蜀，举兵北征，夏侯授首，此操之失计而汉事将成也。然后吴更违盟，关羽毁败，秭归蹉跌，曹丕称帝。凡事如是，难可逆料。臣鞠躬尽力，死而后已，至于成败利钝，非臣之明所能逆睹也。

注解

诸葛亮（181—234），字孔明，号卧龙，琅琊阳都（今山东沂南）人，三国时期蜀汉丞相，杰出的政治家、军事家。他一生竭力辅助刘备、刘禅二主，数次北伐中原未成，最后一次病逝于五丈原（宝鸡境内）。

《后出师表》是《前出师表》的姊妹篇，是诸葛亮为进行第二次北伐战争于建兴六年（228）呈给后主刘禅的请战书。这时，第一次北伐刚刚失败不久，很多大臣对再次北伐颇有异议。在文中，诸葛亮阐明先帝的北伐遗愿和蜀汉生死存亡的大局，纵论北伐可行的六点军事态势，力谏后主绝不能因朝有异议而生动摇北伐中原的决心。全文充满着环环相扣之理、感人涕零之情、忠贞壮烈之气，读之令人肃然起敬。文中"鞠躬尽力，死而后已"历经演变，形成成语"鞠躬尽瘁，死而后已"，用来形容对某项事业奋斗不息的精诚精神。

赏读

1945年4月23日，中国共产党召开第七次全国代表大会。次日，毛泽东作了著名的《论联合政府》的政治报告，成为这次大会的中心议题。随后，他又从书面政治报告中提炼出三个问题，作了一个口头政治报告。这三个问题是：路线问题、政策方面的几个问题、关于党内的几个问题。这个口头政治报告，后来以《在中国共产党第七次全国代表大会上的口头政治报告》为题，收入《毛泽东文集》（第三卷）。

在谈到路线问题时，毛泽东明确指出党应该采取一条"放手发动群众，壮大人民力量，在我党的领导下，打败日本侵略者，解放全国人民，建立一个新民主主义的中国"的政治路线。一言以蔽之，就是"无产阶级领导的人民大众的反帝反封建的革命"。

接下来，他对政策方面的几个问题逐一作了阐释。这几个问题是：一般的纲领与具体的纲领；关于孙中山；关于资本主义；关于共产主义；关于国民党；关于改造旧军队；关于我们的军队；扩大解放区；准备转变；军队与地方；召开中国解放区人民代表会议。这十一个问题，是对党现阶段政策的具体阐述，也是指导取得抗日战争全面胜利以及奠定未来中国之和平命运所应采取的正确做法。

关于党内的几个问题，主要集中在：关于个性与党性；关于对党内几部分干部（主要包括理论工作者，知识分子，在沦陷区、国民党区工作的同志，本地干部、本地军事干部，经济工作和后勤工作干部，民运工作干部，工、青、妇干部，抗战时期入党的干部，党外干部）的工作方法的问题；关于要讲真话的问题。

毛泽东摘用"鞠躬尽瘁，死而后已"是在论述"本地干部、本地军事干部"这个问题时。长征胜利后，党中央带领红军在陕北扎下根，并在此建立了中国抗战和革命根据地。总体上说，红军和陕北本地干部一直以来相处得都非常好，在长期的革命斗争中建立起了深厚的情谊。但是，瞧不起陕北本地干部、搞山头主义的现象在一部分人中间依然存在。毛泽东批评了这种做法，他说："我们每到一处，不要当钦差大臣，要先看到人家的长处。大家都是新民主主义解放区的，都是共产党员，都是同志，不应该发生看不起的问题。"他要求全体共产党员"要像看待自己的兄弟姊妹一样看待本地干部。我们的军队每到一个地方，就要帮助本地干部搞出军队来，搞出民兵、自卫军来，搞出地方兵团、地方部队"。千万不要摆架子，要尊重那里的人民、军队和政府，要和当地干部搞好关系，要为人民"鞠躬尽瘁，死而后已"。

中国共产党的第七次代表大会是以"团结的大会，胜利的大会"载入史册的。毛泽东在大会报告中摘用的"鞠躬尽瘁，死而后已"这句古语，成为一代代共产党人为共产主义事业前赴后继的精神柱石。

民不畏死，奈何以死惧之

　　多少一点困难怕什么。封锁吧，封锁十年八年，中国的一切问题都解决了。中国人死都不怕，还怕困难吗？老子说过："民不畏死，奈何以死惧之。"

　　——《别了，司徒雷登》（一九四九年八月十八日）（《毛泽东选集》第四卷，人民出版社1991年6月第二版，第1496页）

原典

　　"民不畏死，奈何以死惧之"摘自春秋·老子《老子·第七十四章》：

　　民不畏死，奈何以死惧之？若使民常畏死，而为奇者，吾将得而杀之，孰敢？

注解

　　老子，生卒年不详，相传即老聃，姓李名耳，楚国苦县（今河南鹿邑）人，春秋时期思想家，道家的创始人。《老子》一书具体成书时间不详，大约是在战国中前期。至于该书何时被改名为《道德经》，亦无定论。

春秋晚期，社会动荡不安，统治者荒淫无度，视百姓性命如同草芥。朝不保夕的人民认为死是一种很好的解脱，因此对死并不是十分恐惧。老子反对战争和杀戮，对生活在水深火热中的人民怀有深切同情，发出了"民不畏死，奈何以死惧之"的深沉抗议。

　　本段引文大意是：人民不害怕死亡，为什么还要以死亡来威胁他们呢？如果人民真的害怕死亡，对于作恶多端的人，我们就可以将其抓来杀掉，那么还有谁敢为非作歹呢？

　　后用"民不畏死，奈何以死惧之"形容不惧困难甚至是死亡的威胁，敢于斗争的精神。

赏读

　　抗日战争胜利后，美国政府不遗余力地支持国民党打内战。随着国民党在军事上的彻底失败，美国政府在1949年8月5日抛出了《美国与中国的关系》白皮书。这份长达千余页的白皮书，是由杜鲁门总统在背后主使，国务卿艾奇逊组织专人用六个星期的时间，在旧档案中选取资料拼凑而成的。全书包括正文八章、附件八章，并收录《艾奇逊致杜鲁门总统的信》及《中美关系大事纪年表》，共一千零五十四页，一百多万字。

　　白皮书主要介绍了从1844年美国强迫中国签订《望厦条约》以来至1949年中国人民革命战争在全国范围内基本取得胜利后的中美关系演变。其中，又特别详细地叙述了从抗日战争胜利后至1949年期间，美国扶蒋反共最后招致失败的经过。在书中，美国政府对国民党的腐败无能予以毫不留情的批判，也对中国共产党极尽污蔑之词。其目的在于：将国民政府倒台归咎于蒋介石及国民党的腐败无能，为美国对华政策的失败推卸责任，以此平息国会中反对党派和美国公众就对华政策失败而发出的指责；同时，极力推卸美国政府支持国民党打内战的责任，把自己塑造成"和平爱好者"的形象。一时间，白皮书在国际社会中引起轩然大波。

借用中国一句古语"欲盖弥彰"来形容白皮书所起到的效果是再合适不过的。尽管美国政府一再为自己开脱，但白皮书及其附信的内容，暴露从抗日战争胜利后，美国政府不遗余力地支持蒋介石打内战的行径。从1949年8月14日开始，毛泽东在一个多月的时间内先后发表了《丢掉幻想，准备斗争》《别了，司徒雷登》《为什么要讨论白皮书？》《"友谊"，还是侵略？》《唯心历史观的破产》五篇文章，对美国政府发表白皮书的本质进行了无情的揭露。其中，最著名的就是《别了，司徒雷登》这篇文章。

司徒雷登是一个出生在中国杭州的美国人，1946年7月起开始担任美国驻华大使。1949年，美帝国主义企图干扰中国革命胜利的一切企图均告失败，司徒雷登不得不于同年8月2日悄然离开中国。在《别了，司徒雷登》一文中，毛泽东并不是着力批判司徒雷登这个人（三千多字的文章，描写司徒雷登的字数不足五百），而是借美国驻华大使黯然离华一事引出美国政府恰于此时发表白皮书的真正目的——推卸责任。

在文章的最后一部分，毛泽东以闻一多、朱自清为例，并摘用"民不畏死，奈何以死惧之"这句古语向世人展示了中华民族的英雄气概。他号召民众不要怕封锁，也不要怕眼前的困难。这些困难是可以完全克服的。毛泽东的一番话，在对美帝国主义及其反华势力进行无情鞭挞的同时，也极大地弘扬了中华民族不畏艰险、自强奋斗的精神。"民不畏死，奈何以死惧之"一句更成为即将获得独立自主的中国人民藐视一切压制和困难、阔步建设社会主义事业的豪情壮语。

黄沙百战穿金甲，
不破楼兰誓不还

　　李讷，再熬几天，就可以完全痊愈，怕什么？我的话是有根据的。为你的事，我此刻尚未睡，现在我想睡了，心情舒畅了。诗一首：青海长云暗雪山，孤城遥望玉门关。黄沙百战穿金甲，不斩楼兰誓不还。这里有意志。你知道吗？

　　——《给李讷的信》（一九五八年二月三日）（《老一代革命家家书选》，中央文献出版社、生活·读书·新知三联书店1990年2月第一版，第55—56页）

原典

　　"黄沙百战穿金甲，不破楼兰誓不还"摘自唐·王昌龄《从军行七首》（其四）：

青海长云暗雪山，孤城遥望玉门关。
黄沙百战穿金甲，不破楼兰誓不还。

注解

　　王昌龄（698—约756），字少伯，京兆长安（今陕西西安）人，唐代著名边塞诗人。开元十五年（727）中进士，授汜水（今河南荥阳县）尉，不久迁校书郎。后贬为江宁（今江苏南京）丞、龙标（今湖南黔阳县）尉。安史之乱后，返归故里，迁回至亳州，因才华被刺史闾丘晓嫉妒，遂遭其杀害。王昌龄擅长七言绝句，有"七绝圣手"之誉。其诗气魄宏伟，意境雄浑深沉，今存近200首。《从军行七首》是其七绝诗的代表之作。在这组诗中，诗人以雄沉的笔调、悲怆的心境书写了边疆军戎生活。

1958年2月3日，毛泽东在给李讷的信中，引用的是第四首（原诗末句"破"字被毛泽东写作"斩"）。诗中楼兰，为汉西域国名。《汉书·傅介子传》载：汉时，楼兰国常斩杀汉使者。汉昭帝时，大将军霍光派平乐监傅介子前往楼兰，傅介子以财物诱楼兰王中计，斩其首级。这里借用典故，意指平息边患。

赏读

1940年8月，李讷出生在延安，时年已经47岁的毛泽东根据《论语·里仁》中"君子欲讷于言而敏于行"为其取名李讷。毛泽东在战争年代曾化名李得胜，江青原名李云鹤，故以"李"作为女儿的姓。

李讷的性格正如其名，沉稳而内秀，像父亲一样喜爱读书，对中国古典文学尤其感兴趣。但她体弱多病，常常受此困扰，有时情绪会十分低落。在对李讷的教育问题上，毛泽东特别注重加强培养其意志力。考虑到李讷喜欢古典文学，毛泽东经常与她交流一些激昂人心的文学作品，借以鼓励她。

1958年初，身体原本就很虚弱的李讷需要接受两个手术：一个是急性盲肠炎需要切割阑尾，另一个是因为小时候打针针头不幸断在肉里，现在需要取出。经医生研究，决定两个手术一并做。切割阑尾的手术很顺利，可取断针的手术遇到了麻烦。因年头已久，断针已经移位，医生花了很长时间都找不到准确位置，最后还是用X光透视才把针头取出来。当时，断针已经生锈，

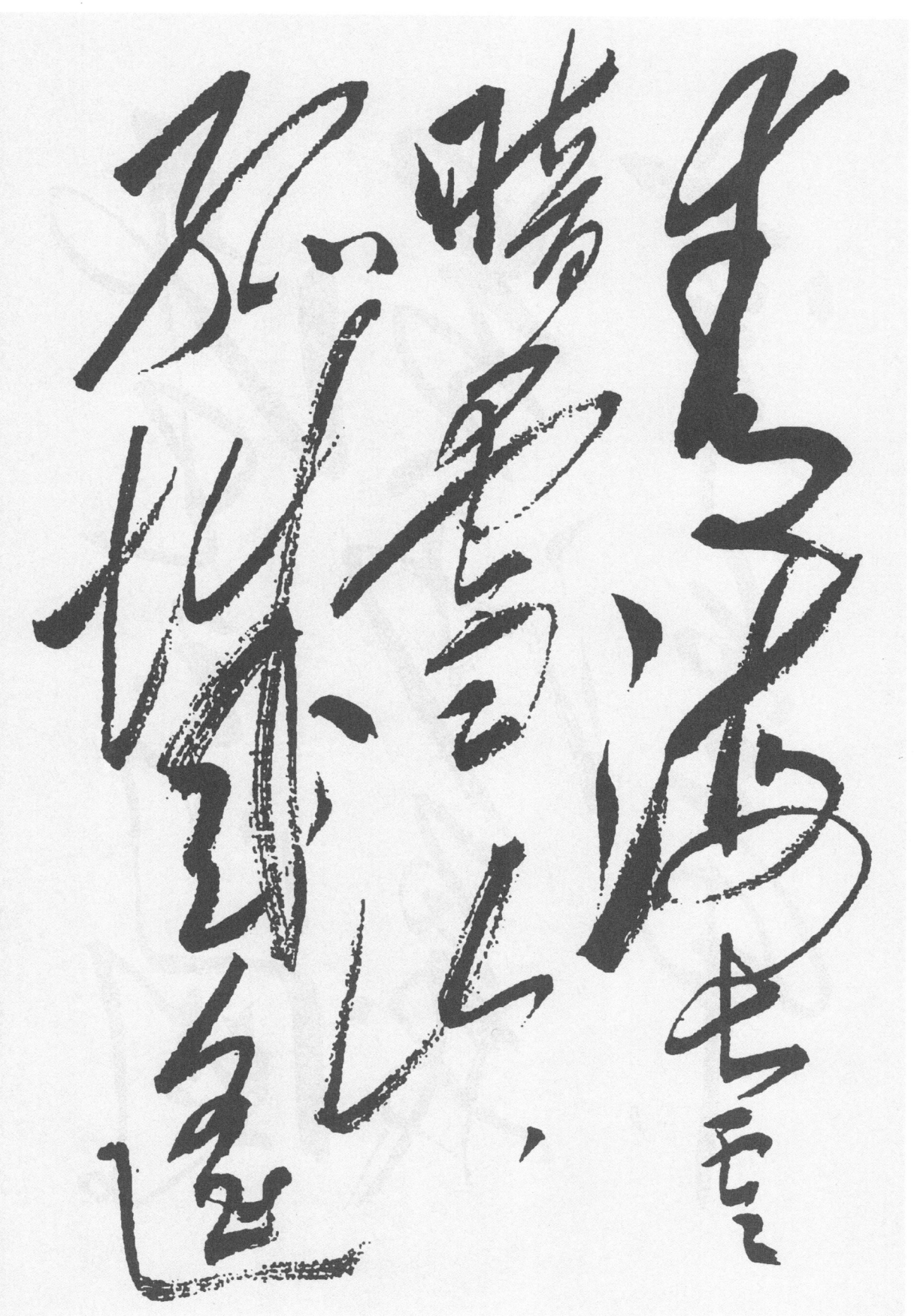

毛泽东手书王昌龄《从军行七首》（其四）

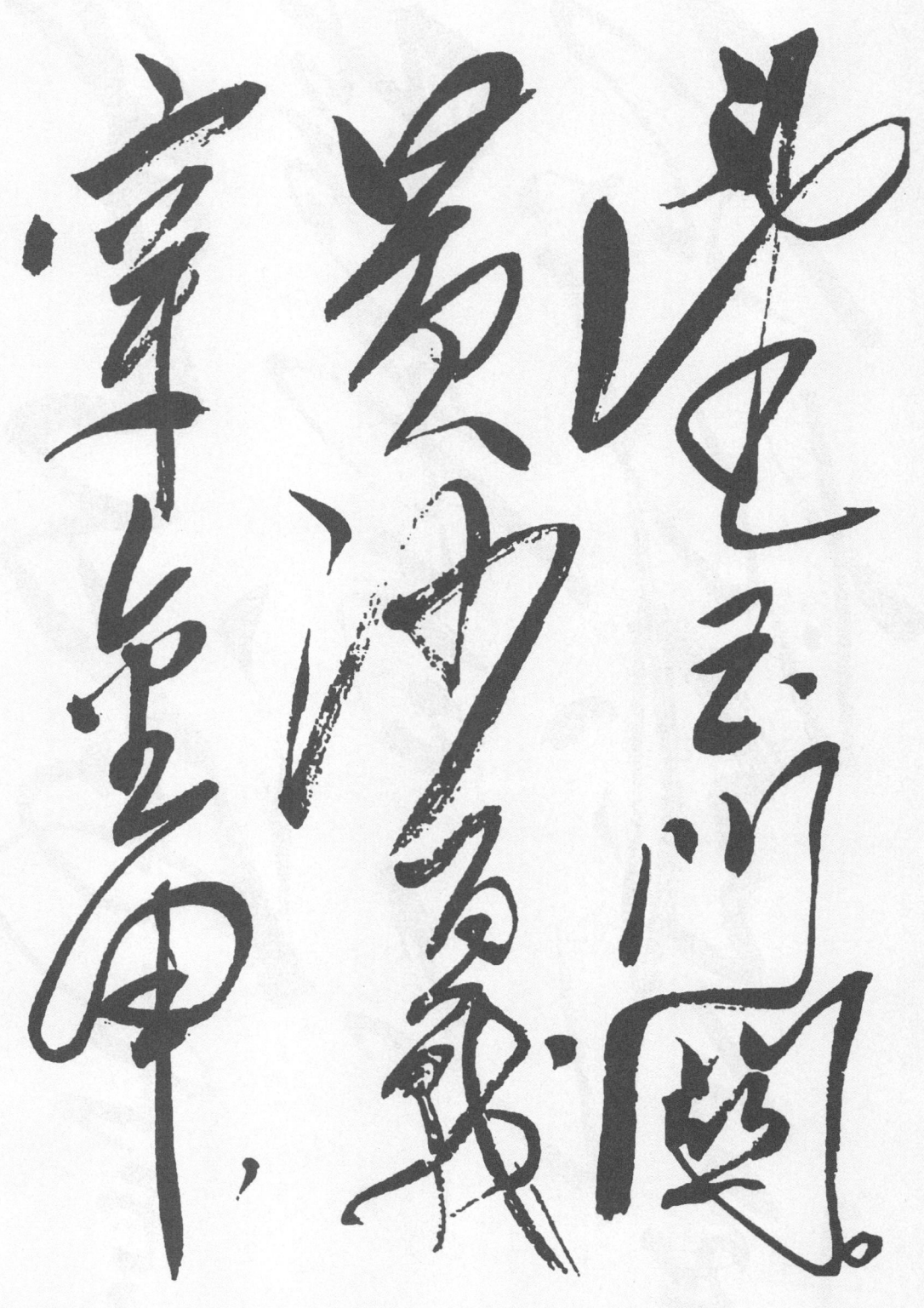

毛泽东手书王昌龄《从军行七首》(其四)

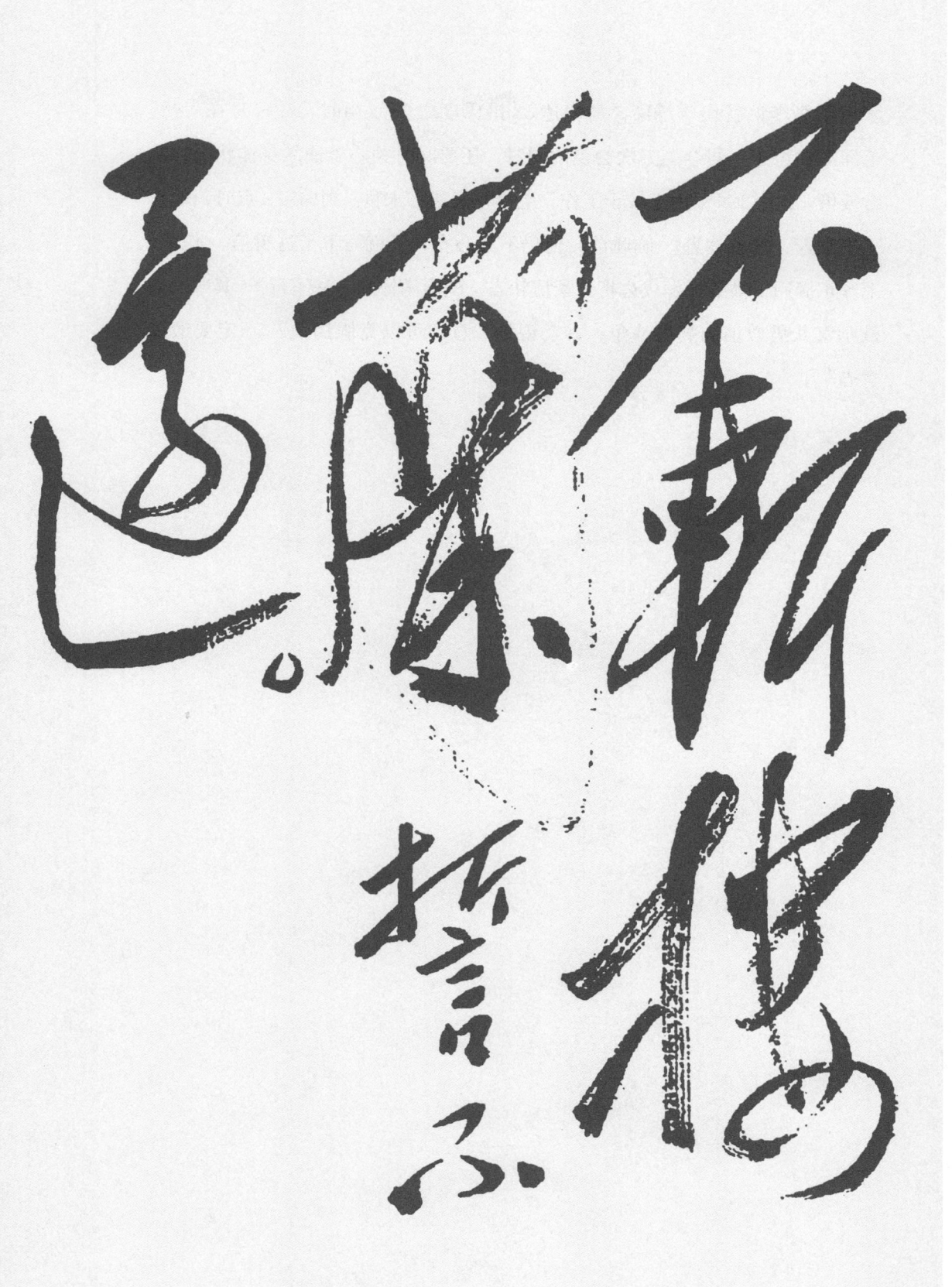

毛泽东手书王昌龄《从军行七首》（其四）

术后不久李讷就伤口感染，高烧达38摄氏度之多。当时，江青身在广州，毛泽东在忙于一届全国五次会议的同时，还要时时关心李讷的身体状况，非常疲倦。2月3日，由于忙于工作，毛泽东又通宵未寝。中午12点时，他吃了安眠药，准备休息。临睡前，他仍不放心女儿，就写下了这封信。信中，毛泽东摘用王昌龄抒发戍边将士豪情壮志、激烈满怀的《从军行》（其四）来鼓励女儿勇敢地同病魔斗争，并劝说她"意志可以克服病情。一定要锻炼意志"。

登高壮观天地间，
大江茫茫去不返

登高壮观天地间，大江茫茫去不还。黄云万里动风色，白波九道流雪山。这是李白的几句诗。你愁闷时可以看点古典文学，可起消愁破闷的作用。

——《给刘松林的信》（一九五九年八月六日）（《老一代革命家家书选》，中央文献出版社、生活·读书·新知三联书店1990年2月第一版，第57页）

原典

"登高壮观天地间，大江茫茫去不返"摘自唐·李白《庐山谣寄卢侍御虚舟》：

我本楚狂人，凤歌笑孔丘。手持绿玉杖，朝别黄鹤楼。五岳寻仙不辞远，一生好入名山游。庐山秀出南斗旁，屏风九叠云锦张，影落明湖青黛光。金阙前开二峰长，银河倒挂三石梁。香炉瀑布遥相望，回崖沓嶂凌苍苍。翠影红霞映朝日，鸟飞不到吴天长。登高壮观天地间，大江茫茫去不还。黄云万里动风色，白波九道流雪山。好为庐山谣，兴因庐山发。闲窥石镜清我心，谢公行处苍苔没。早服还丹无世情，琴心三叠道初成。遥见仙人彩云里，手把芙蓉朝玉京。先期汗漫九垓上，愿接卢敖游太清。

注解

李白（701—762），字太白，号青莲居士，祖籍陇西成纪（今甘肃省天水市秦安县）。幼时举家迁居绵州昌隆（今四川江油）青莲乡。我国古代最杰出的诗人之一。其诗风格奔放、色调瑰丽，想象丰富，是浪漫主义诗人的杰出代表。有《李太白集》存世，诗九百余首。

唐玄宗天宝十四年（755）冬，安史乱起，此时李白正隐居庐山，适逢永王李璘的大军东下，胸怀平乱志向的李白遂下山任永王幕僚。后李璘反叛肃宗，被消灭，李白因此遭受牵连，被流放到夜郎（今贵州省境内）。途至巫山，遇赦而还。这首诗就作于上元元年（760）诗人离开湖北武昌前往江西九江游览庐山时。

卢侍御虚舟，即卢虚舟，字幼真，范阳（今北京大兴）人，肃宗时任殿中侍御史。他曾与李白同游庐山，是为故交，故李白以此诗赠之。全诗以绚烂多彩的笔意、瑰丽奇特的想象写出了山川交相辉映、雄奇瑰伟的壮美景色。特别是"登高壮观天地间，大江茫茫去不还"一句，描绘出了长江滚滚东去的雄浑气势。

赏读

刘松林原名刘思齐，是革命烈士刘谦初的女儿。1937年，刚到延安的刘松林还是个十六七岁的孩子，因在话剧《弃儿》中的出色表演，给毛泽东留下了深刻的印象，遂被毛认作干女儿。

1949年10月，刘松林嫁给了毛泽东的长子毛岸英，成了毛泽东的儿媳妇。然而，结婚仅一年后，毛岸英便奔赴了抗美援朝战场。谁想到，这竟是他们的诀别。在到达朝鲜战场的第34天，毛岸英便把自己年仅28岁的生命永远地留在了这片土地上。失去丈夫的刘松林万分痛苦，她选择了出国留学、研究中国古典文学等方式企图淡忘这份痛楚的回忆，可始终无法遏制对毛岸英的思念之情。

为了干女儿日后的幸福，毛泽东多次劝说刘松林改嫁，并为她物色如意郎君。乖巧的女儿不忍心再让日理万机的父亲为自己分心，同意再婚，但前提是要亲自去朝鲜为毛岸英扫一次墓。1959年，在距毛岸英牺牲已经十个年头的时候，刘松林带着无尽的思念和悲伤来到了丈夫永远沉睡的土地上，完成了心愿。回国后，刘松林就大病不起。此时的毛泽东正在召开庐山会议，他在百忙之中抽空给刘松林写了这封信。信中，毛泽东摘用了他非常推崇的唐代诗人李白的诗句"登高壮观天地间，大江茫茫去不还。黄云万里动风色，白波九道流雪山"向刘松林展示了一幅雄浑壮阔、波澜大气的画面，希望以此鼓舞刘松林的志气，让她尽快振作、康健起来。

为政篇

我劝天公重抖擞，不拘一格降人材

清人龚自珍诗云："九州生气恃风雷，万马齐喑究可哀。我劝天公重抖擞，不拘一格降人材。"大字报把"万马齐喑"的沉闷空气冲破了。我现在向全国七十几万个合作社的同志们，以及城市里的同志们推荐一个合作社。这个合作社位于河南省封丘县，叫做应举社，很有些发人深省的东西。

——《介绍一个合作社》（一九五八年四月十五日）（《建国以来毛泽东文稿》第七册，中央文献出版社1992年8月第一版，第178页）

原典

"我劝天公重抖擞，不拘一格降人材"摘自清·龚自珍《己亥杂诗》：

九州生气恃风雷，万马齐喑究可哀。

我劝天公重抖擞，不拘一格降人材。

注解

龚自珍（1792—1841），字璱人，号定庵，浙江仁和（今杭州）人，清朝思想家和文学家。龚自珍生活在朝廷无能、官员腐败、民不聊生的时代，他的诗常常针砭时弊，具有深刻的启蒙思想。道光十九年（1839，旧历己亥年）龚自珍辞官离京返杭，后因迎接眷属，又往返一次。一年中，作七言诗315首，统名曰：《己亥杂诗》。

《己亥杂诗·九州生气恃风雷》是一首政治诗，诗人讽刺了当时社会"万马齐喑"的现实情况，期望统治者能革除用人上的种种限制，选能任贤，让人才能得到广泛的任用。"我劝天公重抖擞，不拘一格降人材"表达的就是这样一种心声。

赏读

应举农业生产合作社位于河南省封丘县城西部。这里常年遭受自然灾害，逃荒要饭、卖儿卖女的现象极为普遍。1956年至1957年，应举社社长崔希彦和党支部书记崔若谷带领全社人民生产自救，抵御灾荒，只用了两年时间，就极大地提高了社员的生活水平，改变了落后面貌。一时间，应举社成为苦干创业的宣传典型和全国农业战线上的一面红旗。

1958年3月20日，中共封丘县委以《一个苦战二年改变了面貌的合作社》为题，将应举社的事迹报告给了毛泽东。当时，毛泽东正在南方考察。读到这个报告后，他非常高兴，于4月15日在广州写下文章《介绍一个合作社》，并将报告和文章一起，分送刘少奇、周恩来、邓小平、陈云、胡乔木、吴冷西阅。6月1日出版的《红旗》杂志创刊号上，发表了这份报告和文章。

日理万机的毛泽东为什么会对一个县委的报告这么重视并且还亲自撰文推广应举社的经验呢？

1957年底，新中国第一个五年计划超额完成。在巨大成就的鼓舞下，毛泽东要求在经济建设中要多、快、好、省。应举社的做法恰好为毛泽东实践自己构想的政治路线提供了契机，更加坚定了他可以又快又好地建设社会主义事业的信心。所以，在文章的开篇，他就对应举社"一个苦战二年改变了面貌"的做法表示了肯定，认为"广大群众的政治觉悟迅速提高"和"群众中的落后阶层奋发起来努力赶上先进阶层"的事实足以证明：我国在工农业生产方面赶上资本主义大国，可能不需要从前所想的那样长的时间了。

接着，毛泽东分析了目标可以达成的原因：除了党的领导外，"六亿人口是一个决定的因素"。在毛泽东看来，一穷二白的现状决定了六亿人口搞建设热情高、干劲大，"从来也没有看见人民群众像现在这样精神振奋，斗志昂扬，意气风发"。

文章的最后，毛泽东摘用了《己亥杂诗·九州生气恃风雷》，希望全国七十几万个合作社能像应举社一样，发挥人民的力量，相信并依靠群众，充分调动六亿人的积极性，在一穷二白的基础上，"写好最新最美的文字，画好最新最美的图画"。

函关月落听鸡度

卞和献璞，两刖其足；"函关月落听鸡度"，出于鸡鸣狗盗之辈。自古已然，于今为烈。难道不是的吗？

——《卑贱者最聪明，高贵者最愚蠢》（一九五八年五月十八日）（《建国以来毛泽东文稿》第七册，中央文献出版社1992年8月第一版，第236页）

原典

"函关月落听鸡度"摘自明·高启《送沈左司从汪参政分省陕西汪由御史中丞出》：

重臣分陕去台端，宾从威仪尽汉官。
四塞河山归版籍，百年父老见衣冠。
函关月落听鸡度，华岳云开立马看。
知尔西行定回首，如今江左是长安。

注解

高启（1336—1374），字季迪，长洲（今江苏苏州）人。元末隐居吴淞青丘（今江苏吴县甪直），自号青丘子。明太祖洪武元年（1368）召入修《元史》，授翰林院编修。三年后坚辞户部侍郎，退隐山林。朱元璋认为他不肯合作，心生嫉恨，后借苏州刺史魏观谋反案将其腰斩于南京，时年39岁。高启是有明一代的杰出诗人，与刘基、宋濂并称"明初诗文三大家"，与杨基、张羽、徐贲并称"吴中四杰"。有诗集《高太史大全集》。

《送沈左司从汪参政分省陕西汪由御史中丞出》作于洪武二年（1369）。这一年，御史中丞汪广洋由御史中丞出任陕西参政，高启的朋友左司郎中沈某随行，高启遂作此诗送别。这首诗模仿了盛唐高华诗歌之风格，每句各用了一个典故，巧妙至极。

首联言"别"和新王朝官员赴任的气象。重臣，指汪广洋。台端，威仪尽汉官，此处是说明朝的军队声势浩大，仪态庄严。据《后汉书·光武帝纪》载：光武帝刘秀的军队收复长安时，部下都穿了汉朝官员的服饰。长安城中的老吏流着眼泪说："不图今日复见汉官威仪！"此典既称赞了汪广洋等人即将出发的浩大声势，又切合明朝乱后新建的时局。

颔联写目的地的形势和人们见到汉族士大夫的喜悦心情。四塞河山，此指陕西（关中）地区。《史记·苏秦列传》载：苏秦游说秦惠王："秦四塞之国，被山带渭，东有关河，西有汉中，南有巴蜀，北有代马，此天府也。"秦地即今陕西一带。"百年"句意谓被蒙古占领了百年的关中父老看到了汉族服装。

颈联是诗人想象。听鸡度，《史记·孟尝君列传》载：孟尝君逃离秦国，夜半至函谷关，看守关门的人要天亮才开门放行。值此危机时刻，孟尝君的一个门客学鸡叫，关吏以为天将亮，就开门放他们出关了。高启此处活用此典，寓以新意。意思是说，汪广洋此去一定会受到热情的欢迎，肯定不会像孟尝君当年那样，靠鸡鸣狗盗之徒骗开城门才得以逃出。当汪广洋一行从容走过函谷关，驻马华山，乌云散去，心情一定是特别舒朗。

尾联委婉地称赞了汪广洋。西行定回首，此处化用"西望长安"的典故。李白《题北榭碑》中有"一为迁客去长沙，西望长安不见家"的诗句。江左，江南。长安，原为西汉、隋、唐首都，后指代国都。汪广洋一行此去的终点是长安，而当今明王朝的首都是南京，诗人说沈左司在长安定会回望江南，实际上是委婉地称赞他在外为官期间，会时刻把君王挂在心上。

赏读

辽宁安东机械厂原本是为抗美援朝战争需要而创建的一个小型修理厂。战争胜利后，工厂由军需转向民用。在积累了一定技术经验后，厂里的工人骨干萌发了自己动手制造拖拉机的想法。他们克服资料和设备短缺、材料匮乏等困难，靠着刻苦钻研、昼夜奋战的精神，终于在1957年2月成功制造出我国第一台轮式拖拉机。这台拖拉机被命名为"鸭绿江一号"。

1958年春，国家计委副主任倪伟、国家计委机械局局长王光中来安东机械厂考察时，看到了这台拖拉机。他们被工人们自力更生的精神所感染，决定让"鸭绿江一号"进京参加农业机械展览会。到京后，"鸭绿江一号"以其出色的耕田和运输性能得到了评审专家们的一致好评，并在"五一"节当天加入了拖拉机游行车队，接受了党和国家领导人的检阅。

5月3日，倪伟、王光中将安东机械厂工人的事迹写成报告，上报国家计委党组书记李富春、副书记贾拓夫。5月5日（这一天中共第八届全国代表大会第二次会议在中南海召开），李富春将这个报告转呈毛泽东主席。毛泽东阅后非常高兴，并在报告空白处写下三百多字的批语，并拟了个题目：《卑贱者最聪明，高贵者最愚蠢》。

在批示中，毛泽东要求中央各工业交通部门各自收集材料，编印一本近三百年来世界各国（包括中国）科学、技术发明家的简明小传（小册子），看

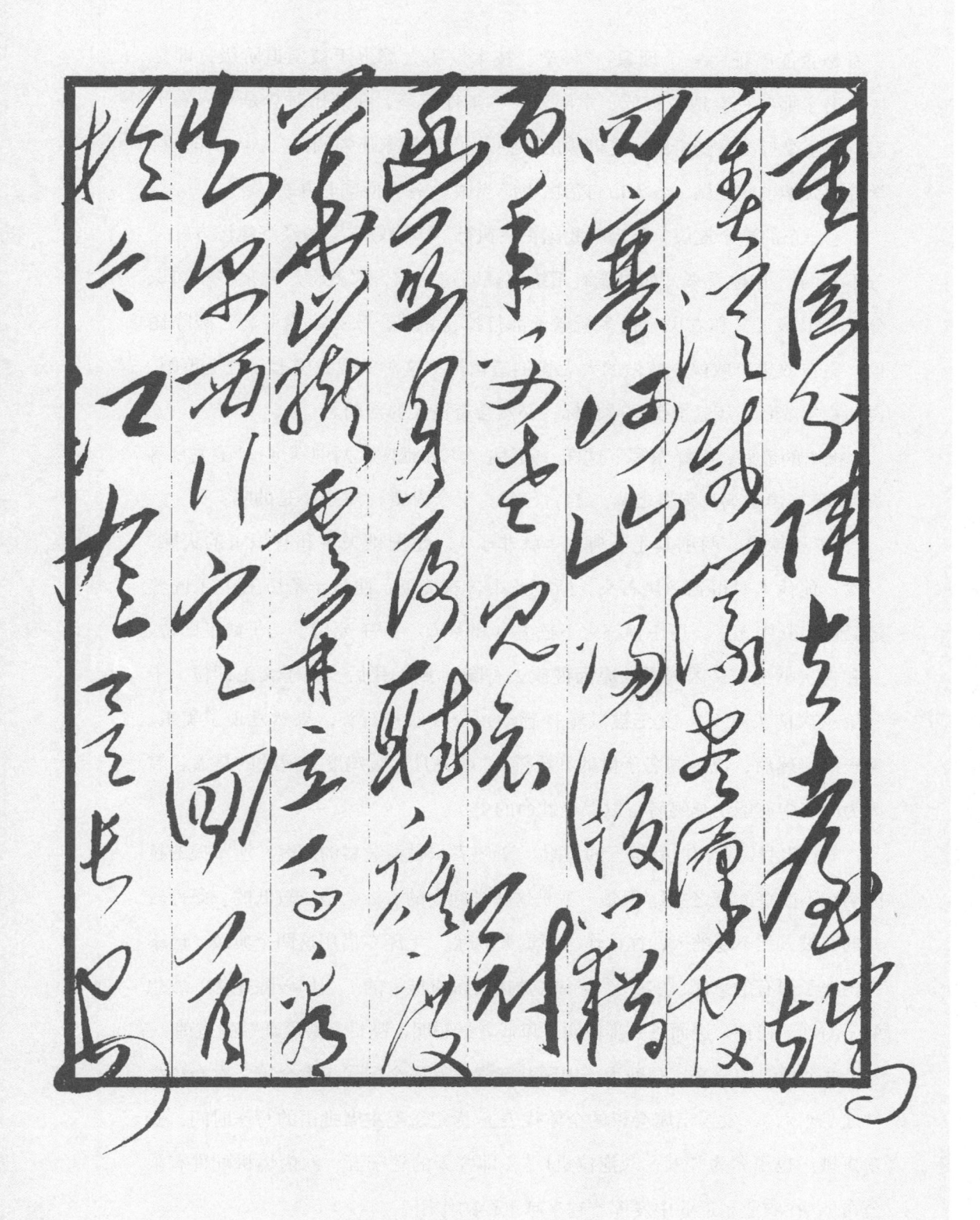

毛泽东手书高启《送沈左司从汪参政分省陕西汪由御史中丞出》

一看是否能够证明一个现象："科学、技术发明大都出于被压迫阶级，即是说，出于那些社会地位较低、学问较少、条件较差、在开始时总是被人看不起，甚至受打击、受折磨、受刑戮的那些人。"毛泽东还强调："这个工作，科学院和大学也应当做，各省市自治区也应当做。各方面同时并举。"

毛泽东的这个提议，与当时我国正在执行"多快好省"的经济建设方针是分不开的。在他看来，如果能有系统地证明这一点，那就将鼓舞很多小知识分子、很多工人和农民、很多新老干部打掉自卑感，砍去妄自菲薄，破除迷信，振奋敢想、敢说、敢做的大无畏创造精神，这对实现我国七年赶上英国、再加八年或者十年赶上美国的目标，必然会有极大的帮助。

批语的最后，毛泽东写下这样一句话："卞和献璞，两刖其足；'函关月落听鸡度'，出于鸡鸣狗盗之辈。自古已然，于今为烈。难道不是的吗？"

"卞和献璞，两刖其足"典出《韩非子》。楚国樵夫卞和有识玉的天赋。一次，他伐木时得到一块石头，断定此中含有美玉，便献于楚厉王。工匠鉴定后认为其中无玉，厉王愤怒之下砍去卞和左脚。厉王死后，其子武王即位。卞和再次献玉，又因同样的原因被砍去右脚。武王死后，其子文王即位，卞和第三次前去献玉。文王被其精神感动，令人砍开石头，果然发现了美玉。美玉经雕琢后，成为闻名于世的和氏璧。"函关月落听鸡度"记载的是孟尝君因为门客中有能学鸡鸣者得以保全性命的史实。

卞和出身低下，但有识玉的慧眼。鸡鸣者只是孟尝君的门客，所掌握的技能实在不能登大雅之堂。但是，就是这些学问少的、社会地位较低的、条件较差的、被人瞧不起的人，往往作出了重大贡献。毛泽东借用这两个典故，已不再拘泥于原有的意思，实际是再一次赞扬安东机械厂的工人们破除迷信、敢想敢干的创新精神，进而进一步说明"卑贱者最聪明，高贵者最愚蠢"的道理。

这个批语的全文，被列为《中国共产党第八届全国代表大会第二次会议文件之二十六》，发至出席会议的全体代表。为纪念毛主席批语的写作时间，安东机械厂也更名为"五一八拖拉机厂"（即今天的辽宁五一八内燃机配件有限公司），在农业制造业中发挥着越来越重要的作用。

贤者在位，能者在职

受任新职，不要拈轻怕重，而要拈重鄙轻。古人有云：贤者在位，能者在职，二者不可得而兼。我看你这个人是可以兼的。年年月月日日时时感觉自己能力不行，实则是因为一不甚认识自己；二不甚理解客观事物——那些留学生们，大教授们，人事纠纷，复杂心理，看不起你，口中不说，目笑存之，如此等类。

——《给周世钊的信》（一九五八年十月二十五日）（《毛泽东文集》第七卷，人民出版社1999年6月第一版，第430页）

原典

"贤者在位，能者在职"摘自战国·孟子《孟子·公孙丑上》：

孟子曰："仁则荣，不仁则辱；今恶辱而居不仁，是犹恶湿而居下也。如恶之，莫如贵德而尊士，贤者在位，能者在职；国家闲暇，及是时，明其政刑。虽大国，必畏之矣。《诗》云：'迨天之未阴雨，彻彼桑土，绸缪牖户。今此下民，或敢侮予？'孔子曰：'为此诗者，其知道乎！能治其国家，谁敢侮之？'今国家闲暇，及是时，般乐怠敖，是自求祸也。祸福无不自己求之者。《诗》云：'永言配命，自求多福。'《太甲》曰：'天作孽，犹可违；自作蘖,不可活。'此之谓也。"

注解

孟子(约前385—约前304),名轲,字子舆,邹国(今山东邹城)人。战国时期思想家,是孔子之后儒家学派的代表人物,与孔子并称"孔孟"。《孟子》一书记载了孟子与其他各家思想的争辩、对弟子的言传身教、游说诸侯等内容,由孟子及其弟子共同编撰而成。

上述引文是记载了孟子与弟子公孙丑论述施行仁政好处的言论。在孟子看来,国君们大多明白施行仁政的好处,但施行起来却困难重重,原因在于君主有叶公好龙的心理。在论述中,孟子引经据典,劝说国君要尽快施行仁政,修明政治,树立刑典,任贤用能,不要贪图享乐,埋下祸根。

"贤者在位,能者在职"是极能代表孟子部分政治观点的一句名言,意谓:贤德的人胜任一定的官职,掌握一定的权力;有能力才干的人担任合适的职务,去做一定的实业。

赏读

周世钊,1897年3月12日生,字敦元,别号敦元、东园,湖南省宁乡县人。1913年春考入湖南省立第四师范(后并入湖南省立第一师范),与毛泽东同窗五载,情谊甚笃。

新中国成立前,周世钊以教书为生,不与国民党同流合污,表现出了高尚的爱国主义情操。长沙解放后,周世钊出任湖南第一师范校长。1953年被选为民盟中央委员。1955年出任湖南省教育厅副厅长,兼一师校长。周世钊为人襟怀坦荡，正直无私，重调查研究之风，求实事求是之效，民意支持率很高。1958年被选为湖南省副省长。

周世钊少年时代受徐特立老师的影响，矢志从事教育事业，不愿涉足政界。之前，他也从没有从事过这方面的工作，害怕自己能力不够，会给党和国家的事业造成损失。为此，他于1958年10月17日致信毛泽东，表达了这种顾虑。

10月25日，毛泽东复信周世钊，分析了他这种忧虑心理产生的原因，赞扬了他自身具备的优点和素养，并摘用"贤者在位，能者在职"坚定其能把工作做好的信心。

在封建王朝治国执政的理念之中，孟子的"尊贤使能"思想占有很重要的地位。世间人才虽然形形色色，在孟子看来无外乎两类：一类是道德高尚，情操贞洁，堪为人之楷模，但办事能力相对薄弱、逊色的"贤者"；另一类是道德品质虽不及"贤者"，但办事能力卓越超众的"能者"。"贤者"对于一个国家来说，犹如一面大旗，任用他们为层次较高的官员，统治者借此才能笼络人心，所以要"尊"；而"能者"却是国家机器得以正常运转的原动力，不给他们合适的职务，国家便会空虚混乱，因此要"使"，要委以干事权限，充分发挥其办事能力。只有"尊""使"运用得当，才算合理运用了人才，才能为治国安邦打下基础。

从某种程度上说，孟子的"尊贤使能"思想有其合理的一面，但他强行割裂贤者与能者之间固有的共性，只能使"贤者在位，能者在职"成为人们对政治体系的一种理想性期待。深谙中国传统文化的毛泽东运用唯物辩证观点分析了其中的不足，将之归结为"二者不可得而兼"。但对相交四十余年、同乡且为同学的周世钊，毛泽东却非常了解，所以认为他"是可以兼的"。周自认为能力不够，"实则是因为一不甚认识自己；二不甚理解客观事物"。毛泽东鼓励他只要持之以恒，行之有素，"总是比较能够做好事情的"。

百姓足，君孰与不足

苏联的农业政策，历来就有错误，竭泽而渔，脱离群众，以致造成现在的困境，主要是长期陷在单纯再生产坑内，一遇荒年，连单纯再生产也保不住。我们也有过几年竭泽而渔（高征购）和很多地区荒年保不住单纯再生产的经验，总应该引以为戒吧。现在虽然提出了备战、备荒、为人民（这是最好的同时为国家的办法，还是"百姓足，君孰与不足"的老话）的口号，究竟能否持久地认真地实行，我看还是一个问题，要待将来才能看得出是否能够解决。

——《关于农业机械化问题的一封信》（一九六六年三月十二日）（《毛泽东文集》第八卷，人民出版社1999年6月第一版，第428页）

原典

"百姓足，君孰与不足"摘自春秋·孔子《论语·颜渊》：

哀公问于有若曰："年饥，用不足，如之何？"有若对曰："盍彻乎？"曰："二，吾犹不足，如之何其彻也？"对曰："百姓足，君孰与不足？百姓不足，君孰与足？"

注解

孔子（前551—前479），名丘，字仲尼，鲁国陬邑（今山东曲阜）人，春秋后期思想家、教育家，儒家学派创始人。《论语》一书是由孔子的弟子及再传弟子编纂而成的，主要记录了孔子及其弟子的言行，是儒家学派的经典著作之一。

《论语》中记载的并非全部是孔子的话，这句"百姓足，君孰与不足？百姓不足，君孰与足"就是出自其弟子有若之口。《左传》记载：鲁哀公十二年，鲁国发生蝗害，又加之连年用兵，国库空虚。鲁哀公问有若该怎么办？有若反问："为什么不实行每亩抽取十分之一的'彻'税法呢？"鲁哀公回答："现在国家每亩抽十分之二尚且不够用，怎么能实行只抽取十分之一的'彻'法呢？"有若说："百姓富足了，国君怎么会不足？百姓不富足，国君又怎么会富足呢？"有若的这番言论，体现了儒家倡导"政在使民富"的思想。儒家认为，"苛政猛于虎"，他们反对滥征苛捐杂税，主张藏富于民，如此，"民富，则君不至独贫"（朱熹语）。

赏读

提高农业生产力水平的一个重要因素，就是发展农业机械化。新中国成立后不久，毛泽东就提出要用二十五年时间，在全国范围内基本上实现农业机械化。

20世纪60年代初，新中国面临着较大的军事威胁。从国内来看，台湾尚未统一，国民党对大陆不断进行军事骚扰。从国外来看，中苏关系急剧恶化，不排除日后发展成军事冲突的可能；以美国为首的资本主义国家亡社会主义之心不死；邻国印度也多次挑起边境冲突。

在严峻的形势下，毛泽东认为，经济建设在以农业为基础、以工业为先

毛泽东关于农业机械化问题给刘少奇的信（节录）

导的方针下，还要考虑打仗的需要。一言以蔽之，就是"备战、备荒、为人民"。当前一切工作，都应该与这三点结合起来。发展农业机械化事业，也应该如此。在1966年3月12日给刘少奇的一封信中，毛泽东再次表达了这个观点。

发展农业机械化为什么要与"备战、备荒、为人民"联系起来呢？毛泽东阐释了具体原因："人民和军队总得先有饭吃有衣穿，才能打仗，否则虽有枪炮，无所用之。""遇了荒年，地方无粮棉油等储蓄，仰赖外省接济，总不是长久之计。一遇战争，困难更大。""国家积累不可太多，要为一部分人民至今口粮还不够吃、衣被甚少着想；再则要为全体人民分散储备以为备战备荒之用着想；三则更加要为地方积累资金用之于扩大再生产着想。"毛泽东指出，只有这样，才能动员群众，为较快且稳步地实现农业机械化计划而奋斗。接着，毛泽东列举了苏联农业政策出现问题的原因，也指出了我国农业政策过去存在的问题。最后，毛泽东指出，"备战、备荒、为人民"是兼顾国家、群众的最好方法，其本质就是中国古代"百姓足，君孰与不足"思想的体现。他要求党的各级领导在实际工作中要持久地认真地实行。

君子之泽，五世而斩

　　这篇文章，反映了封建制代替奴隶制的初期，地主阶级内部财产和权力的再分配。这种再分配是不断地进行的，所谓"君子之泽，五世而斩"，就是这个意思。我们不是代表剥削阶级，而是代表无产阶级和劳动人民，但如果我们不注意严格要求我们的子女，他们也会变质，可能搞资产阶级复辟，无产阶级的财产和权力就会被资产阶级夺回去。

　　——《对江青在军委扩大会议上的讲话稿的批语和修改》（一九六七年四月十七日）（《建国以来毛泽东文稿》第十二册，中央文献出版社1998年1月第一版，第310—311页）

原典

　　"君子之泽，五世而斩"摘自战国·孟子《孟子·离娄下》：

　　孟子曰："君子之泽五世而斩，小人之泽五世而斩。予未得为孔子徒也，予私淑诸人也。"

注解

先秦典籍中的许多句子在今天的意思已经发生了变化,或者使用的侧重点发生了转变。"君子之泽,五世而斩"就是典型的例子。联系《孟子》的上下文,这里的"泽",是"流风余韵"的意思;"斩",是"断绝"的意思。该句的大意是:君子的流风余韵,五代以后便断绝了;小人的流风余韵,五代以后也断绝了。我没有能够成为孔子的学生,我是私下向他的传人学习的。语言发展到今天,"泽"多指权力、地位、财富等;"五世"是虚指,表示一个大概的时间段。"君子之泽,五世而斩"已经演化成和俗语"富不过三代"类似的意思。

赏读

1967年4月12日,中共中央文化革命小组副组长、全军文化革命小组顾问江青在中央军委扩大会议上作了题为《为人民立新功》的讲话。后来,她将讲话记录整理成稿,先后于4月15日、4月17日两次送毛泽东审改。

江青在讲话稿中引用了"触龙说赵太后"的故事。这个故事出自刘向《战国策》,讲的是赵国惠文君死后,孝成王幼年即位,其母赵太后代为主政。秦国乘机出兵攻赵。赵太后只得向齐国求援。齐国要求以长安君(赵太后最疼爱的小儿子)为人质,才可出兵。赵太后不忍,听不进大臣们的谏言。危难之际,左师触龙入殿进言。他用委婉曲折的言辞成功劝说了赵太后。赵太后遂送长安君入齐为质。齐国当即履行出兵承诺,赵国之围旋解。长安君只身入齐,挽救了赵国,受到了国人的褒扬,也在齐国得到了历练。

毛泽东在审改讲话稿时,特别重视这个故事。在4月15日第一次审改时,毛泽东对这个故事进行了一些内容上的补充;在4月17日第二次审改时,毛泽东借着这个故事,写下了一段一百多字的批语。

"触龙说赵太后"故事本质上解决了父母如何教育子女的问题。赵太后一开始一味溺爱、包容孩子的做法，肯定是不对的。幸得触龙的劝说，她才明白了"父母之爱子，则为之计深远"的深刻道理。毛泽东在批语中提到这个故事，并摘用"君子之泽，五世而斩"，也是在特意提醒党内各级干部都要重视子女教育的问题。

仁义不施，
而攻守之势异也

贾谊云："仁义不施，而攻守之势异也。"

朱敬则，政治家、历史家，年七十五。

——读《旧唐书·朱敬则传》的批语，(《毛泽东读文史古籍批语集》，中央文献出版社1993年11月第一版，第226页)

原典

"仁义不施，而攻守之势异也"摘自西汉·贾谊《过秦论》：

且夫天下非小弱也，雍州之地，崤、函之固，自若也；陈涉之位，非尊于齐、楚、燕、赵、韩、魏、宋、卫、中山之君也；锄櫌、棘矜，不铦于钩、戟、长铩也；谪戍之众，非抗于九国之师也；深谋远虑，行军用兵之道，非及曩时之士也，然而成败异变，功业相反。试使山东之国，与陈涉度长絜大，比权量力，则不可同年而语矣。然秦以区区之地，致万乘之权，招八州而朝同列，百有余年矣。然后以六合为家，崤、函为宫。一夫作难而七庙隳，身死人手，为天下笑者，何也？仁义不施，而攻守之势异也。

注解

贾谊（前200—前168年），洛阳（今属河南）人，西汉初年著名政论家、文学家，又称贾太傅、贾长沙、贾生。18岁即有才名，以文采闻名于郡中。21岁被汉文帝召为博士（备皇帝咨询的官员），提出了一系列改革政治的主张，表现出超众的政治才能。不到一年擢升太中大夫（比博士更为高级的议论政事的官员）。后遭群臣忌恨谗毁，贬为长沙王太傅。四年后被召回长安，任梁怀王刘揖（又名刘胜，是汉文帝最喜爱的小儿子）太傅。汉文帝十一年（前169），梁怀王不慎坠马而死。贾谊深感歉疚，一年后忧郁而终，时年33岁。贾谊长于辞赋和散文。辞赋以《吊屈原赋》《鵩鸟赋》最具代表性。散文如《论积贮疏》《治安策》《过秦论》都很有名。

《过秦论》分为上、中、下三篇。上述引文即出自上篇。全篇通过分析秦王朝的过失，旨在为汉王朝提供执政借鉴。作者在文中先陈述史实：六国合纵抗秦，声势浩大，结果却一败涂地；秦始皇一统天下，威震四海，陈涉起义，却能一举灭秦。何也？作者在最后用一句话点出："仁义不施，而攻守之势异也"。名末著名文学评论家金圣叹对此句曾如此评价："《过秦论》者，论秦之过也。秦过只是末句'仁义不施'一语便断尽。"

由于《过秦论》对后世影响颇大，文中最后一句"仁义不施，而攻守之势异也"成为后世政治家施行仁政以便获取民心的执政理念之一。

赏读

《旧唐书》原名《唐书》，后人为区别欧阳修等人撰写的《新唐书》，将其改名，是现存最早系统记录唐代历史的一部史书。作者是五代时期后晋政治家、史学家刘昫等人。刘昫（897—946），字耀远，涿州归义（今河北雄县）

毛泽东批注：

> 贾谊云："信威……不施而後守之称至也。"

战人繁，国富，乃屠诸侯，此救弊之术也。故曰刻薄可施於进趋变诈，可陈於攻战，兵犹火也，不戢将自焚，况锋镝巳销，石城又毁，谅可易之以淳和，八风之乐以柔之，三代之礼以导之。秦既不然，淫虐滋甚，而不返，卒至士崩，此不知变之祸也。陆贾叔孙通之事汉王也，当荣阳成皋之间，粮馈巳窘，智勇俱困，不敢开一说，効一奇，唯进豪猾之客及区宇适平，千戈向戢，金鼓之声未歇，伤痍之痛尚闻，二子顾眄绰有馀态，乃陈诗书、说礼乐，开王道，谋帝图，高皇帝忿然曰："吾以马上得之，安事诗书。"对曰："马上得之，可马上人。该书有唐代名臣朱敬则的传记。

朱敬则（635—709），字少连，亳州永城（今河南永城）人，出身名门望族，"倜傥重节义，早以辞学知名"。唐高宗时任右补阙。武则天称帝之初，朝野颇多流言。为了巩固其统治，武后设铜匦于朝堂之上，鼓励人们相互告密，同时任用酷吏罗织罪名，诛杀大臣，朝野上下一时间人人惶恐不安，敢怒而不敢言。此时独有朱敬则上书武则天，援引秦、汉之得失，阐明在政策上"因时权变"的极端重要性，建议武则天"去萋菲之牙角，顿奸险之锋芒，窒罗织之源，扫朋党之迹"。朱敬则的上书，言辞恳切、论理有据、情理交融，武则天阅后"甚善之"，提升他为正谏议大夫，兼修国史。

朱敬则还是一位学识渊博的官员。任职期间，他兼采魏晋以来君臣成败之事，著《十代兴亡论》，又针对"以前代文士论废五等者"的言论撰写文章《五等论》，为秦朝的郡县制辩护。朱敬则为官清廉。神龙二年（706），他被诬陷，遭贬返回乡里，"无淮南一物，唯有所乘马一匹，诸子徒步从而归"。唐中宗景龙三年（709），朱敬则病逝，享年75岁，谥曰元。

在读《旧唐书·朱敬则传》时，毛泽东非常欣赏朱敬则卓越的理政能力和深厚的史学功底。当他读到朱敬则以秦亡之事上书武则天"宜绝告密罗织之徒"时，联想到西汉贾谊的《过秦论》，写下批注："贾谊云：仁义不施，而攻守之势异也。"当他读到朱敬则逝世那一段时，又批注："朱敬则政治家、历史家。"

历代文士以秦扫六合、一匡天下随后又顷刻瓦解为题材而作的文章中，成就最高、影响最大的，首推贾谊的《过秦论》。他以赋体笔风写政论文，开一代文风，不愧为文章大家。由唐溯汉，由朱敬则论及贾谊，毛泽东之所以会有这种关联性评论，是深感两人都有主张施行仁政、重视人民力量的进步政治思想的缘故，而这一点，也契合他自己一贯的思想。

劝学篇

君子之志于道也，不成章不达

吾观合肥李氏，实类之矣。其始也平发夷捻，所至有功，则杯水芥舟之谓也；及其登坛□理国交，着着失败，贻羞至于无已者何也？置杯焉则胶，水浅而舟大也。孟子曰：流水之为物也，不盈科不行；君子之志于道也，不成章不达。浅薄者流，亦知省哉。

——《讲堂录》（一九一三年十月至十二月）（《毛泽东早期文稿》，湖南人民出版社2013年11月第一版，第546页）

原典

"君子之志于道也，不成章不达"摘自战国·孟子《孟子·尽心上》：

孟子曰："孔子登东山而小鲁，登泰山而小天下。故观于海者难为水，游于圣人之门者难为言。观水有术，必观其澜。日月有明，容光必照焉。流水之为物也，不盈科不行；君子之志于道也，不成章不达。"

不倦之志。

不读过高之理心知不能行读之不过动听不以默不为愈。

两军实经交者胜矣。骄则必败。

师若真心志发真佳色顽梗必任矣。

真精神 实意做事真心求学

渐摩 有雷同性无抵之心 有拘之心皆谓之偶。

渐水浸渐摩手之摩

营门下营也。

講堂錄

長沙府孫評明儒學案。宋元多理學之士，有宋元學案。

湘鄉賤人多貪重實行，簽轂具一端也。

諸生同記言，士要轉移世風，當重兩義曰廉曰實。

廉者勿忘人實，則不說大話，不好虛名，不行架空之事，不踐過高之理。

不行架空之事，福澤偏吉有義，慶應大學以格言為天職，不預歉功利。

福氏初學種累長，有海人。

注解

孟子说:"孔子登上了东山,觉得鲁国变小了,登上了泰山,觉得天下变小了。所以看过大海的人,别的水就很难吸引住他,在圣人门下学习的人,就难以被别的言论吸引了。观赏水有一定的方法,一定要观赏它的波澜。日月都有光,小小的缝隙都必定照到。流水这东西,一定要把洼地充满再向前流;君子有志于道,没有一定的成就,也就不可能通达。"

这段话,阐释了两个道理:一、圣人之道至深至大,有志之人要志存高远,努力向圣人学习;二、在学习中一定要脚踏实地,要有不达目标誓不罢休的恒心。

赏读

《讲堂录》是毛泽东在长沙求学期间的笔记。现存47页,一万多字,全部是毛泽东用"兰亭体"小楷字书写而成。前面11页为《离骚》和《九歌》的全文手抄,一丝不苟;后面36页冠名《讲堂录》,主要是国文和修身的听课笔记,也包括一些做人和治学的随感,内容十分庞杂。这一部分,原件并没有标明具体时间,经考证,大约作于1913年10月至12月期间。

据现存资料来看,毛泽东很少评价李鸿章其人,这是唯一一篇有文字记载的评论。从笔记中来看,毛泽东当时应该刚读完《庄子·逍遥游》。在这一章中,庄子论述了"大与小"的哲学思想。他认为:水的积蓄不深,就无力承载大船。在房子的凹处倒上一杯水,小草就可以当船;放进一个杯子就会被粘在地上,这是因为水浅而舟大。毛泽东对庄子的观点很是赞同,联想到晚清名臣李鸿章,于是就有了上述评论。

在常人看来,李鸿章以书生之身发起于乱世之中,创办淮军,镇压了太平军和捻军起义,堪称有不世之功。毛泽东却认为此不过"杯水芥舟"而已。

等到李鸿章执掌朝廷重权，代表清政府开展外交工作时，丧权辱国，着着失败，让国家蒙羞受辱，同时也让自己被后世唾骂。何也，"水浅而舟大也"。这句话包含两层含义：其一，腐败的清政府已处在"水浅"的环境中，李鸿章作为清朝仰仗的中兴重臣，在浅水中无法施展自己的才能；其二，李鸿章尽管在军事上颇有建树，但其才能尚不能登坛立政，比如他在外交方面的才能就十分薄弱，以致屡有丧权辱国的"和谈"。李鸿章的才能属于"水浅"，而国际环境的变化是"舟大"，李鸿章最多只能算是一名"合格"的封建卫道士，绝不能成为挽狂澜于既倒、撑大厦于独木的中流砥柱。结合李鸿章的命运，毛泽东发出了"且夫水之积也不厚，则其负大舟也无力"的感慨，认为天下学子当不断求业学道，充实自我。最后，毛泽东以孟子的名言"君子之志于道也，不成章不达"自勉，并劝言没有宏远目标和踏实学风的浅薄者们。

莫道君行早

东方欲晓,莫道君行早。踏遍青山人未老,风景这边独好。会昌城外高峰,颠连直接东溟。战士指看南粤,更加郁郁葱葱。

——《清平乐·会昌》(一九三四年夏)(《毛泽东诗词集》,中央文献出版社1996年9月第一版,第40页)

原典

"莫道君行早"摘自明清之际·《增广贤文》:

莫道君行早,更有早行人。

注解

《增广贤文》,又名《昔时贤文》《古今贤文》,是中国古代儿童启蒙书目。作者未见载,可能是民间创作的结晶。我们今天看到的版本,是经过明、清两代文人不断增补修订而成的。书中绝大多数句子源自经史子集,诗词曲赋、戏剧小说以及文人杂记,内容十分繁杂,直接或间接地反映了道家和儒家的思想，通俗易懂。"莫道君行早，更有早行人"是一句劝勉人们学习、工作应趁早、力行的谚语。

赏读

1933年下半年，蒋介石调集百万兵力对中央苏区进行第五次"围剿"。此时，中央苏区的军事领导权已经被博古、李德等掌握。他们与占绝对优势的敌人开展阵地战，命红军全线出击，坚决"御敌于国门之外"。在错误战略方针的指导下，红军一再失利，节节败退，根据地也越来越小。到了1934年夏，中央苏区已到了岌岌可危的地步。

毛泽东从一开始就反对博古、李德的错误方针，他主张红军应该借鉴前四次反"围剿"的胜利经验，在运动中歼灭敌人有生力量。但这一正确建议，却不被博古、李德等人采纳。

1934年夏季一天拂晓前，毛泽东和粤赣省委部分领导同志登上江西会昌城外的岚山岭。毛泽东曾不止一次登上过这座山岭，但此次他的心情却不同以往。面对军事上的败局，毛泽东心潮难平，思绪万千，一首《清平乐·会昌》有感而出。

开篇"东方欲晓"既是写实，又是言虚。诗人尽管此时备受压抑，却仍然坚信光明的前途终将会到来。"莫道君行早"意在对包括自己在内的广大革命者进行勉励。尽管此时天色尚早，诗人依然胸怀要更加奋进之志，以此鼓舞战友们抓紧时间，加快步伐，去迎接即将到来的曙光。"踏遍青山人未老，风景这边独好"说的是红军转战南北，连战连胜，满怀豪情，在国民党反动统治下创建了一片属于劳苦大众的崭新天地。"人未老"和"独好"是特别能体现诗人无产阶级革命家情怀的词语。在中央苏区遭受如此重大挫折的同时，诗人依然能看到乐观的一面，从容之度可见一斑。

词的下片，"会昌城外高峰，颠连直接东溟"虽是由近入远的写法，却体

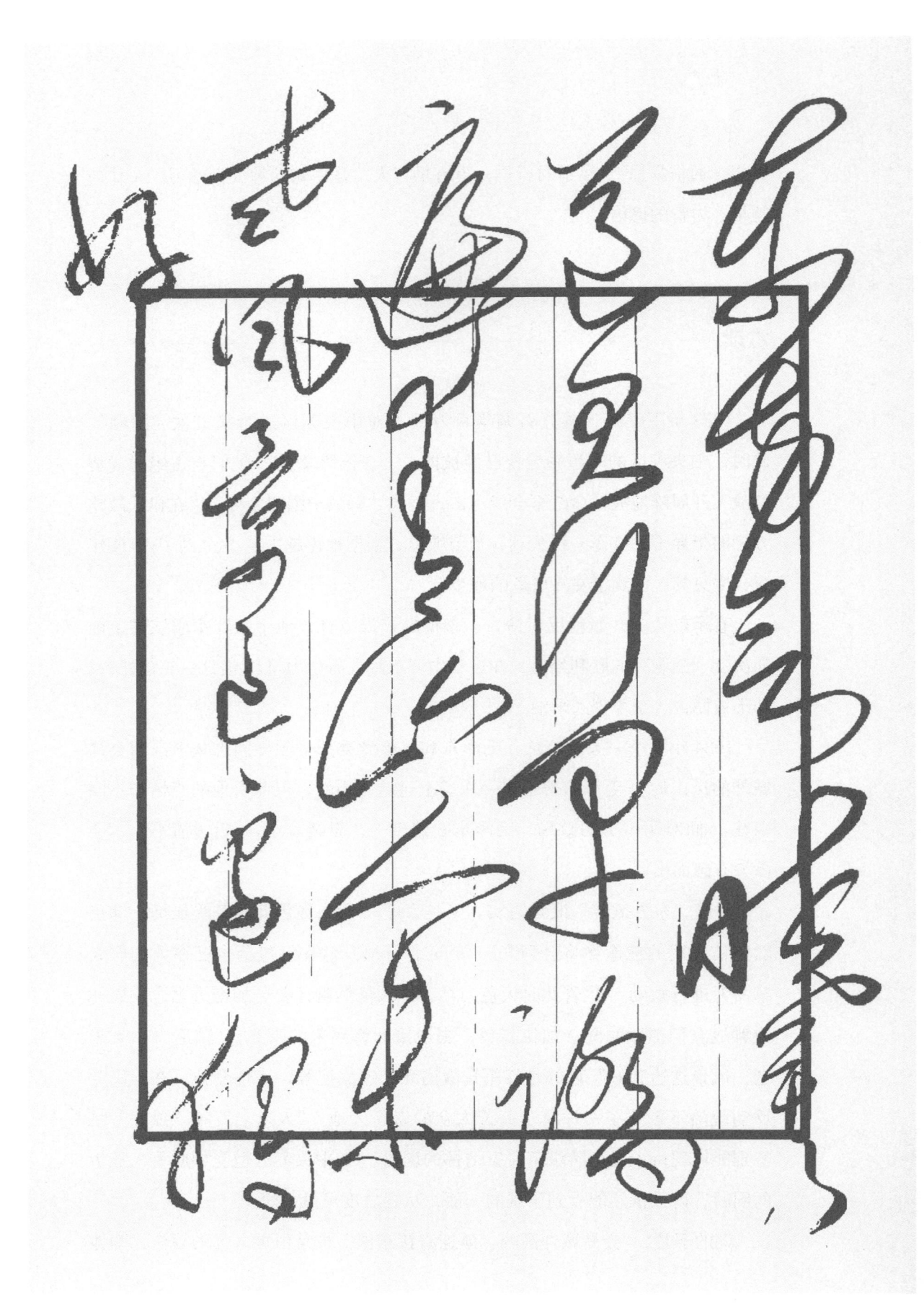

毛泽东手书《清平乐·会昌》

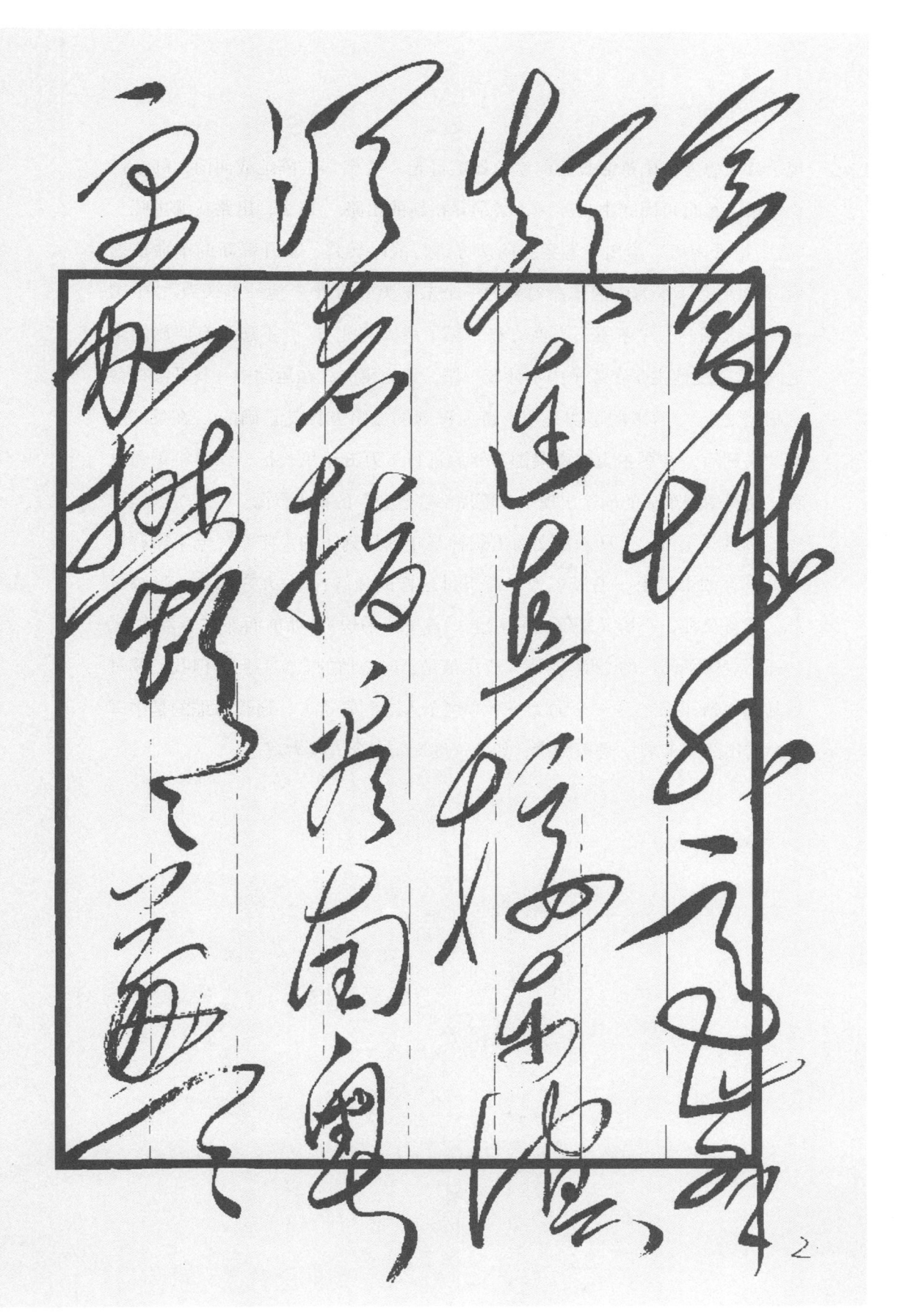

毛泽东手书《清平乐·会昌》

现了诗人思考中国革命长远前途的如炬目光。在错误的阵地战面前，红军伤亡惨重，很难再固守中央苏区，必须寻找新的出路。那么，出路在哪里呢？"战士指看南粤"给出了答案：向南方进行战略转移，去开辟新的革命根据地。这是毛泽东为中国革命勾勒的一个未来美好前景。他一直认为，"中国是一个大国——'东方不亮西方亮，黑了南方有北方'，不愁没有回旋的余地。"这就是他主张在战争中不计较一城一地之得失，在运动中寻找歼敌机会的根据之一。后来的事实证明，诗人谋划的战略方针是正确的。在反"围剿"失利后，红军主力向南突围，然后进行二万五千里长征，保存了革命火种，使得中国革命的前途出现了"更加郁郁葱葱"的喜人景象。

1958年12月21日，在文物出版社当年9月刻印的大字本《毛主席诗词十九首》的书眉上，毛泽东曾经写下过这样的注解："一九三四年，形势危急，准备长征，心情又是郁闷的。这一首《清平乐》，如前面那首《菩萨蛮》一样，表露了同一的心境。"诗人所注虽是当时心情的真实写照，但我们读过后却无心情压抑之感。全词无一字心忧个人之利害得失，通篇考虑的是中国革命的出路和未来。这般胸襟，如此气度，实在令人叹为观止。

人不通古今，马牛而襟裾

　　古人讲过："人不通古今，马牛而襟裾"，就是说：人不知道古今，等于牛马穿了衣裳一样。什么叫"古"？"古"就是"历史"，过去的都叫"古"，自盘古开天地，一直到如今，这个中间过程就叫"古"。"今"就是现在。我们单通现在是不够的，还须通过去。延安的人要通古今，全国的人要通古今，全世界的人也要通古今，尤其是我们共产党员，要知道更多的古今。通古今就要学习，不但我们要学习，后人也要学习，所以学习运动也有它的普遍性和永久性。

——《在延安在职干部教育动员大会上的讲话》（一九三九年五月二十日）
（《毛泽东文集》第二卷，人民出版社 1993 年 12 月第一版，第 177 页）

原典

"人不通古今，马牛而襟裾"摘自唐·韩愈《符读书城南》：

木之就规矩，在梓匠轮舆。
人之能为人，由腹有诗书。
诗书勤乃有，不勤腹空虚。
欲知学之力，贤愚同一初。
由其不能学，所入遂异闾。

两家各生子，提孩巧相如。
少长聚嬉戏，不殊同队鱼。
年至十二三，头角稍相疏。
二十渐乖张，清沟映污渠。
三十骨骼成，乃一龙一猪。
飞黄腾踏去，不能顾蟾蜍。
一为马前卒，鞭背生虫蛆。
一为公与相，潭潭府中居。
问之何因尔，学与不学欤。
金璧虽重宝，费用难贮储。
学问藏之身，身在则有余。
君子与小人，不系父母且。
不见公与相，起身自犁锄。
不见三公后，寒饥出无驴。
文章岂不贵，经训乃菑畬。
潢潦无根源，朝满夕已除。
人不通古今，马牛而襟裾。
行身陷不义，况望多名誉。
时秋积雨霁，新凉入郊墟。
灯火稍可亲，简编可卷舒。
岂不旦夕念，为尔惜居诸。
恩义有相夺，作诗劝踌躇。

注解

韩愈（768—824），字退之，孟州河阳（今河南孟县）人，唐代文学家、哲学家。韩氏郡望在昌黎（今河北昌黎），每自称昌黎韩愈，故后世也称其韩昌黎。谥号"文"，又称韩文公。韩愈是唐代古文运动的倡导者，杰出的散文家和诗人，被后人推为"唐宋八大家"之首，与柳宗元并称"韩柳"。有《昌黎先生集》，其中诗三百七十余首。

《符读书城南》是韩愈在城南别墅劝导儿子韩符认真读书时所作，诗中运用大量比喻来说明刻苦读书的必要性和重要性，通俗易懂，寓意深刻。"人不通古今，马牛而襟裾"大意是：人不学习，就不知古今，好像马牛穿了衣服一样。这句劝导人刻苦读书的箴言之作，因通俗、形象、易于理解，后被收入《增广贤文》，成为鞭策后人勤奋求学的一句警言。

赏读

随着全面抗战的深入，党的干部素质不能适应形势发展的问题逐渐凸现。在党的各级政权组织中，工农出身的干部占了绝大多数，他们虽然熟悉地方情况，与民众联系密切，但文化水平普遍不高，有些甚至是文盲。提高他们的文化程度，就成为一项非常紧迫而重要的事情。

从1939年5月到1942年2月，中共中央掀起了一场学习运动，旨在加强延安在职干部学习教育。这篇题为《在延安在职干部教育动员大会上的讲话》，是1939年5月20日毛泽东在陕北公学为这项运动的开展所作的动员报告。

毛泽东的报告，主要讲了四个问题，即：学习运动是必要的；学习运动是可能的；学习运动是会有成绩的；学习应该学到底。

在谈到"学习运动是必要的"时，毛泽东强调了学习运动与生产运动具有同样重要的作用，并摘用"人不通古今，马牛而襟裾"一句来鼓励广大党员要加强学习。

心之官则思

　　脑筋这个机器的作用，是专门思想的。孟子说："心之官则思。"他对脑筋的作用下了正确的定义。凡事应该用脑筋好好想一想。俗话说："眉头一皱，计上心来。"就是说多想出智慧。要去掉我们党内浓厚的盲目性，必须提倡思索，学会分析事物的方法，养成分析的习惯。

　　——《学习和时局》（一九四四年四月十二日）（《毛泽东选集》第三卷，人民出版社1991年6月第二版，第948页）

原典

　　"心之官则思"摘自战国·孟子《孟子·告子上》：

　　耳目之官不思，而蔽于物。物交物，则引之而已矣。心之官则思，思则得之，不思则不得也。此天之所与我者。先立乎其大者，则其小者不能夺也。此为大人而已矣。

注解

这是孟子在和弟子公都子谈论大人与小人之不同时说的一段话。

公都子问孟子说:"同样都是人,为什么有的人是君子,有的人却是小人呢?"孟子认为,求取满足身体重要器官需要的是君子,求取身体次要器官需要的则是小人。他进一步解释说:耳朵、眼睛这类器官不能思考,会被外物蒙蔽。因此,耳朵、眼睛不过是一物罢了,一与外物相接触,便被引向歧途了。而心(古人认为心是思考的器官,等同于今天的脑)这个器官是用来思考的,一思考就会有所收获,不思考就会一无所获。这个器官是天特意给予人类的。首先要把它树立起来,那么,次要的器官就不能夺取人的善性了。这样,就成为君子了。

后常用"心之官则思"鼓励人们开动脑筋、敢于思考。

赏读

1941年至1944年期间,为了彻底清算过去的错误路线,进一步提高党的干部的思想政治水平,中共中央领导机关和高级干部多次对党的重大历史问题展开讨论。这场讨论历时4年之久,为1945年党的七大的顺利召开做了重要的思想准备。这篇题为《学习和时局》的文章,是毛泽东针对这些讨论,于1944年4月12日在延安高级干部会议上和5月20日在中央党校第一部关于党的历史讨论所作的讲演。

演讲的最后,为了争取新的胜利,毛泽东鼓励广大党员干部要放下包袱,开动"机器"。

放下包袱,就是要解除精神上的负担。有许多东西,只要我们对它们陷入盲目性,缺乏自觉性,它们就可能成为我们的包袱,成为我们的负担。只有放下包袱,我们才能少犯错误。

开动"机器",就是要善于使用思想器官。毛泽东认为,有些人背上虽然没有包袱,有联系群众的长处,但是不善于思索,不愿用脑筋多想苦想,结果仍然做不成事业。再有一些人则因为自己背上有了包袱,就不肯使用脑筋,他们的聪明被包袱压缩了。这就需要大家多动脑筋,多思考。为此,他摘用了"心之官则思"这句话,要求广大党员干部去掉盲目性,学会以马克思列宁主义思想为指导的问题分析法。这样一来,我们既放下了包袱,又开动了机器,既是轻装,又会思索,胜利就属于我们了。

知之为知之，
不知为不知，是知也

什么是不装？就是"知之为知之，不知为不知"。孔夫子的学生子路，那个人很爽直，孔夫子曾对他说："知之为知之，不知为不知，是知也。"懂得就是懂得，不懂得就是不懂得，懂得一寸就讲懂得一寸，不讲多了。

——《在中国共产党第七次全国代表大会上的口头政治报告》（一九四五年四月二十四日）（《毛泽东文集》第三卷，人民出版社1996年8月第一版，第350页）

原典

"知之为知之，不知为不知，是知也"摘自春秋·孔子《论语·为政》：

子曰："由！诲女知之乎！知之为知之，不知为不知，是知也。"

注解

这是孔子对弟子子路讲的一段话。大意是：仲由，我教导给你的知识，知道了吗？知道就是知道，不知道就是不知道，这种态度才是明智的。

赏读

1945年4月24日，毛泽东在中共七大上作了一个口头政治报告，主要讲了三个问题：路线问题、政策方面的几个问题、党内的几个问题。

在谈到党内的几个问题时，毛泽东着重讲了以下问题：关于个性与党性；对党内理论工作者，知识分子，在沦陷区、国民党区工作的同志，本地干部、本地军事干部，经济工作和后勤工作干部，民运工作干部，工、青、妇干部，抗战时期入党的干部和党外干部的工作方法的问题；关于要讲真话的问题。

毛泽东摘用"知之为知之，不知为不知，是知也"是在论述关于要讲真话的问题时。实事求是，是毛泽东思想的灵魂所在，也是中国革命不断走向胜利的最重要指导思想。要做到实事求是，就要做到讲真话，不偷、不装、不吹。偷就是偷东西；装就是装样子，"猪鼻子里插葱——装象"；吹就是吹牛皮。接下来，毛泽东对这一问题进行了论述。所谓不偷，就是不剽窃别人的著作。所谓不装，就是"知之为知之，不知为不知，是知也"，不要不懂装懂。毛泽东说："不知道不要紧，知道得少不要紧，即使对马列主义知道得很少、马列的书读得很少也不要紧，知道多少就是多少。"并给大家推荐了五本马列主义的书，建议大家多读。所谓不吹，就是报实数，"实报实销"，不要扯谎。做到了这三点，党的作风就可以更切实了。

逝者如斯夫

才饮长沙水,又食武昌鱼。万里长江横渡,极目楚天舒。不管风吹浪打,胜似闲庭信步,今日得宽馀。子在川上曰:逝者如斯夫!

风樯动,龟蛇静,起宏图。一桥飞架南北,天堑变通途。更立西江石壁,截断巫山云雨,高峡出平湖。神女应无恙,当惊世界殊。

——《水调歌头·游泳》(一九五六年六月)(《毛泽东诗词集》,中央文献出版社1996年9月第一版,第82页)

原典

"逝者如斯夫"摘自春秋·孔子《论语·子罕》:

子在川上曰:"逝者如斯夫!不舍昼夜。"

注解

《论语》中各篇一般以第一段的前二三字作为篇名。《子罕》篇以论学为主,偶及道德修养。罕,很少之意。"逝者如斯夫!不舍昼夜"是孔子在面对

水调歌头

游泳

才饮长沙水,又食武昌鱼。万里长江横渡,极目楚天舒。不管风吹浪打,胜似闲庭信步,今日得宽馀。

才饮长沙水,又食武昌鱼。万里长江横渡,极目楚天舒。不管风吹浪打,胜似闲庭信步,今日得宽余。子在川上曰:逝者如斯夫!

风樯动,龟蛇静,起宏图。一桥飞架南北,天堑变通途。更立西江石壁,截断巫山云雨,高峡出平湖。神女应无恙,当惊世界殊。

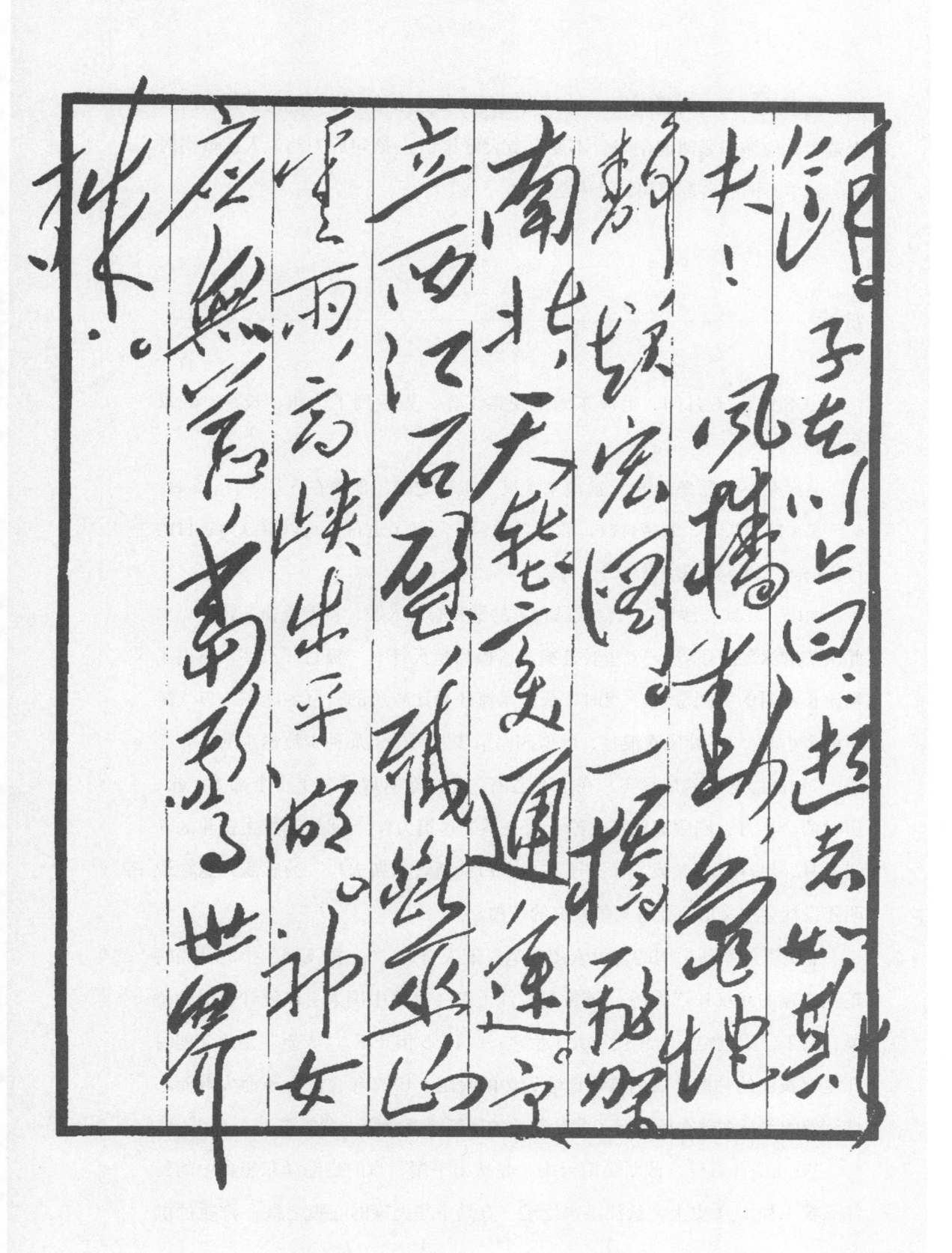

滔滔流逝的江河时有感而发。他认为时间就如这水流一样，昼夜不停，而人生苦短，应该抓紧时间学习，不要辜负大好年华。该句成为劝说人们珍惜时间、勤学不倦的名言警句，沿用至今。

赏读

1956年5、6月间，毛泽东南下视察工作，先后到了广州、长沙、武汉等地。

毛泽东一生酷爱游泳。这次来武汉，工作之余，他曾在6月1日、3日、4日三次畅游长江，豪情奔放，欣喜异常，并写就了这首唯一以游泳为题材的诗作——《水调歌头·游泳》。

词以"才饮长沙水，又食武昌鱼"的平和心境入题，接着笔锋一转，点出此次"游泳"的环境："万里长江横渡，极目楚天舒"。"极目"二字，写出了畅游长江时的宽阔意境。当时，长江水流还是比较急的，可毛泽东一口气游了两个小时。"不管风吹浪打，胜似闲庭信步"写出了那种中流击水的从容心态。"今日得宽馀"是写实，在南下之前，毛泽东听取了三十多个部委汇报，历时两个半月，刚刚完成了《论十大关系》这篇力作。回想起过去奋斗的峥嵘岁月，毛泽东不禁发出了"子在川上曰：逝者如斯夫！"的感慨，意在说明建设社会主义事业要有只争朝夕的精神。

下阕以勾勒新中国的建设宏图起笔，催人奋进。"一桥飞架"指的是当时正在修建的武汉长江大桥。该桥是长江上第一座由中国人自己设计建造的桥梁，属于二十世纪五十年代重大工程之一，1955年开工。"天堑"是南北朝时孔范对长江的称谓，后用该词比喻天然的险阻。1927年，因大革命失败而心情沉郁的毛泽东曾在此写下了悲壮苍凉的诗篇《菩萨蛮·黄鹤楼》。

"更立西江石壁，截断巫山云雨，高峡出平湖"写的是毛泽东想象中的长江三峡工程。历史上，长江洪水泛滥一直是中华民族的心腹之患。严重的洪水灾害给生活在江汉平原、洞庭湖区的广大人民群众造成了多次重大损失。三峡工程不仅可以在极大程度上缓解这一问题，还能蓄水发电，疏通航运，造福一方。早在1919年，孙中山先生在《建国方略之二——实业计划》中就提出了开发三峡水力发电的设想："改良此上游一段，当以水闸堰其水，使舟得溯流以行，而又可资其水力。"然而，在积贫积弱的旧中国，这不过是美好的构想而已。新中国成立后不久，以毛泽东为核心的党的第一代领导集体就开始筹备建设长江三峡的各项准备工作。到1955年，全面开展对长江流域和三峡工程的勘测、科研、设计与论证工作。

"神女应无恙，当惊世界殊"是诗人的浪漫主义想象。他认为，如果巫山神女还健在的话，目睹了社会主义新中国建设的巨大变化，也会为之惊叹的。巫山神女相传为西王母之女，名瑶姬，称云华夫人，曾在巫山助大禹治水。

毛泽东一生"自信人生二百年，会当水击三千里"，年轻时曾作"到中流击水，浪遏飞舟"的英迈诗篇。63岁高龄时他依旧壮志不减，纵游长江，驰目万里，《水调歌头·游泳》一词正是他老当益壮的真实写照。全词以游泳为经纬，从今天追忆过往，从现实巨变溯及宏图构想，时而引经据典，时而指点江山，既有豪放奔腾之激情，又有婉约唯美之浪漫，是诗词中的佳品。

尽信《书》，则不如无《书》

商品生产从古就有，商朝的"商"字，就是表示当时已经有了商品生产的意思。把纣王、秦始皇、曹操看作坏人是完全错误的。纣王是个很有本事能文能武的人。纣王伐徐州之夷，打了胜仗，只是损失太大，俘虏太多，消化不了，以致亡了国。说什么"血流漂杵"，纣王残暴极了，这是《书经》中夸张的说法。所以孟子说："尽信《书》，则不如无《书》。"

——《关于社会主义商品生产问题》（一九五八年十一月十日）（《毛泽东文集》第七卷，人民出版社 1999 年 6 月第一版，第 439 页）

原典

"尽信《书》，则不如无《书》"摘自战国·孟子《孟子·尽心下》：

孟子曰："尽信《书》，则不如无《书》。吾于《武成》，取二三策而已矣。仁人无敌于天下，以至仁伐至不仁，而何其血之流杵也？"

注解

　　这段引文，是孟子以《尚书》中的《武成》篇为例介绍自己读书时的一些感想。《尚书》，又称《书》或《书经》，相传为孔子整理，是中国第一部古典文集和最早的历史文献，记载自尧舜到夏商周，跨越两千余年。武成，即武力攻伐之成就，主要记述周武王伐纣成功后报告功劳的史事。

　　孟子对书中记载的周武王伐纣以致血流成河，甚至将杵都漂浮起来的事情持怀疑态度，其理由就是周武王是仁义之君，他讨伐暴君纣王是正义之战，断然不会出现如此血腥的场面。随着汉语的发展，"书"的含义也由原来的专指《尚书》转变成一般意义上的书籍，"尽信书，则不如无书"也成为教育人们读书时不要盲目迷信书本，应该加以分析，学会辨证看问题的名句之一。

　　这里要特别指出的是，我们今天看到的《尚书》，它记载的"血流漂杵"事件的缘由是商纣兵士倒戈自相残杀，和孟子当时所看到的《尚书》记载不同。造成这种矛盾的原因是时代久远，孟子时代的《尚书》很多篇章已经佚失，今天看到的《尚书》很多篇章都是后人伪造的，《武成》也是一篇"伪古文"。

赏读

　　1958年，随着"大跃进"和人民公社化运动的"蓬勃发展"，在一定区域、一部分人群中出现了要求废除商品经济直接进入共产主义社会的"左"倾思潮。为了纠正这些错误，11月2日至10日，毛泽东在郑州主持召开由部分中央领导同志、大区负责人和省市委书记参加的中央工作会议（即第一次郑州会议）。在9日、10日的讲话中，毛泽东两次谈到这个问题。后来，这两次讲话的主要内容以《关于社会主义商品生产问题》为题，收入《毛泽东文集》第七卷。

在 9 日的讲话中，毛泽东指出：当前不能避而不谈商品和商业问题。新中国搞社会主义只有几年，离共产主义很远，因此，必须发展社会主义的商品生产和商品交换，必须肯定社会主义的商品生产和商品交换还有积极作用。

在 10 日的讲话中，毛泽东再次强调了商品生产、商品交换的重要性，并运用马克思主义经济学知识，阐释了"如何区分社会主义商品生产和资本主义商品生产"这一困扰很多人的难题。他否定了当时在一定人群中流行的"商品生产是资本主义特有的东西"的错误观点，指出："商品生产，要看它是同什么经济制度相联系，同资本主义制度相联系就是资本主义的商品生产，同社会主义制度相联系就是社会主义的商品生产。"他以商朝的国号为例，论证了商品生产自商朝时即有的事实。为了让大家破除迷信，解放思想，毛泽东摘用了"尽信《书》，则不如无《书》"这句名言，鼓励大家要敢于对现存问题产生质疑，不要盲目迷信他人、人云亦云。最后，毛泽东指出：商品流通趋于消失的基础必须是在产品充分发展之后才可能发生。我们建国才九年就急着不要商品，这是不现实的。他鼓励大家搞社会主义要有耐心，没有耐心是不行的。

修身篇

人而无信，不知其可

　　蒋氏已因接受西安条件而恢复自由了。今后的问题是蒋氏是否不打折扣地实行他自己"言必信，行必果"的诺言，将全部救亡条件切实兑现。全国人民将不容许蒋氏再有任何游移和打折扣的余地。蒋氏如欲在抗日问题上徘徊，推迟其诺言的实践，则全国人民的革命浪潮势将席卷蒋氏以去。语曰："人而无信，不知其可。"蒋氏及其一派必须深切注意。

　　——《关于蒋介石声明的声明》（一九三六年十二月二十八日）（《毛泽东选集》第一卷，人民出版社1991年6月第二版，第247页）

原典

　　"人而无信，不知其可"摘自春秋·孔子《论语·为政》：

　　子曰："人而无信，不知其可也。大车无輗，小车无軏，其何以行之哉？"

注解

　　"信"是孔子思想体系中极为重要的内容之一，是君子应当具备的基本行为操守。具体来说,"信"包含两层含义:一是为他人信任,即"朋友信之";二是对他人信任,即"听其言而信其行"。孔子认为,人作为生活在群体中的一员,要想与他人相处融洽,必须具备信义。即便是治国,也要做到"足食(有足够的粮食)""足兵(有足够的军队)""足信(得到百姓的信任)"。如果迫不得已去掉一项,孔子认为"足信"断不可弃,"民无信不立"。本段引文是孔子关于"信"的精彩论述,大意是说:人不讲信义,我不知道还能做些什么。正如车上的辕木与横木间,若没有了个连接灵活的接榫,无论是大车还是小车,又如何能运行呢?

赏读

九一八事变后,国民政府一味奉行不抵抗政策,致使国土大面积沦丧,中华民族已经到了生死存亡的紧急关头。危急之秋,中国共产党为建立全民族抗日统一战线多方奔走,积极呼吁。以张学良为首的国民党东北军和以杨虎城为首的国民党第十七路军,深受中国工农红军和全国抗日运动的影响,赞同中国共产党的抗日主张,力劝蒋介石停止内战,联共抗日。蒋介石非但不接受二人的建议,反而号令张、杨二人继续率部"剿共",彻底肃清西北的"匪患"。

面对蒋介石的执迷不悟,张、杨二人于1936年12月12日在西安临潼发动"兵谏",扣押了蒋介石,逼他联共抗日。这就是震惊中外的"西安事变"。

事变发生后,在坚决支持张、杨二人爱国主义行为的同时,党中央又及时派出周恩来、秦邦宪、叶剑英等人赴西安进行和平谈判。24日,蒋介石被迫接受了八项抗日主张。25日,张学良送蒋介石回南京。临行前,蒋介石对张、杨说:"今天以前发生内战,你们负责;今天以后发生内战,我负责。今后我绝不剿共。"蒋还作出改组政府、改变外交政策、释放被捕的爱国领袖等保证。看重义气的张学良对蒋介石深信不疑,决定陪送蒋回南京。然而,一离开西安,蒋介石的态度就发生了很大的变化。他于26日发表了《对张杨的训词》,极力掩盖西安事变的真相,对外称他在西安是被"反动派"包围,并对张、杨二位将军冠以"莫须有"罪名,随后又软禁了二人。

毛泽东这篇题为《关于蒋介石声明的声明》,就是针对蒋介石抛出《对张杨的训词》而作的。声明的开头,毛泽东对蒋介石的"训词"作了评价:蒋的声明,"内容含含糊糊,曲曲折折,实为中国政治文献中一篇有趣的文章"。毛泽东建议蒋介石如果要真心改变以前的错误做法,"就应该有一篇在政治上痛悔已往开辟将来的更好些的文章,以表现其诚意",而"十二月二十六日的声明,是不能满足中国人民大众的要求的"。接着,毛泽东从民族生死存亡的大局出发,要求蒋介石停止内战,认清敌友,并摘用"人而无信,不知其可"劝说蒋介石及其一派从团结抗日的大局出发,信守自己的承诺,履行在西安答应的各项条件,断不可背信弃义。否则,"全国人民的革命浪潮势将席卷蒋氏以去"。最后,毛泽东向全体民众表明了中国共产党的立场以及为积极促成全民族全面抗日局面形成的决心和诚意:"蒋氏倘能一洗国民党十年反动政策的污垢,彻底地改变他的对外退让、对内用兵、对民压迫的基本错误,而立即走上联合各党各派一致抗日的战线,军事上政治上俱能实际采取救国步骤,则共产党自当给他以赞助。"

言必信，行必果

　　共产党员在和友党友军发生关系的时候，应该坚持团结抗日的立场，坚持统一战线的纲领，成为实行抗战任务的模范；应该言必信，行必果，不傲慢，诚心诚意地和友党友军商量问题，协同工作，成为统一战线中各党相互关系的模范。

——《中国共产党在民族战争中的地位》（一九三八年十月十四日）（《毛泽东选集》第二卷，人民出版社1991年6月第二版，第522页）

原典

　　"言必信，行必果"摘自春秋·孔子《论语·子路》：

　　子贡问曰："何如斯可谓之士矣？"子曰："行己有耻，使于四方，不辱君命，可谓士矣。"曰："敢问其次。"曰："宗族称孝焉，乡党称弟焉。"曰："敢问其次。"曰："言必信，行必果，硁硁然小人哉！抑亦可以为次矣。"曰："今之从政者何如？"子曰："噫！斗筲之人，何足算也？"

注解

　　这段话记载的是孔子与弟子子贡关于"士"的标准的讨论。孔子认为，士分三等：行能知耻，出使四方能不辱君命，为一等之士；宗族称他孝顺，乡里称他敬爱兄长，为二等之士；出一言必信，做一事必果敢，不知变通，坚定得像石头一样，那是浅薄固执的小人，但也勉强能称为三等之士。

　　这里，最难理解的是孔子为何称"言必信，行必果"的人是"硁硁然小人哉！"。"信"是儒学的核心观念之一。孔子认为，讲求信义是做人的基础，他强调"君子义以为质，礼以行之，孙（逊）以出之，信以成之。君子哉！"但同时，孔子又反对拘泥固执于"信"而不能根据实际情况采取变通的做法。尽管孔子否定了这种做法，但他并没有给我们指明变通的标准。他之后的孟子，才从正面提出"言不必信，行不必果，惟义所在"的观点，完美地解答了孔子提出的问题。在孟子看来，一个人出言不必讲求信用，行为也不一定要有结果，只要符合"义"的标准就可以了。随着语言的演化，后人就用"言必信，行必果"形容说话必须守信诺，行动一定要有结果。

赏读

　　为正确分析抗日战争战略相持阶段的形势、实现党对抗日战争的领导和制定全面的战略规划，1938年9月16日至11月6日，中国共产党在延安召开扩大的六届六中全会。10月12日至14日，毛泽东代表中共中央向大会作了《论新阶段》的政治报告。这篇题为《中国共产党在民族战争中的地位》的文章就是政治报告的一部分，是10月14日毛泽东在第六次全体会议上的讲话。

　　讲话一开始，毛泽东就断言中国革命必将有一个光明的未来，同时，也指出了一个尚未在全党得以解决的问题："这就是中国共产党在民族战争中处于何种地位的问题，这就是共产党员应该怎样认识自己、加强自己、团结自己，才能领导这次战争达到胜利而不致失败的问题。"接着，毛泽东共分十三个部分阐释这一问题，分别是：（一）爱国主义和国际主义；（二）共产党员在民族战争中的模范作用；（三）团结全民族和反对民族中的奸细分子；（四）扩大共产党和防止奸细混入；（五）坚持统一战线和坚持党的独立性；（六）照顾全局，照顾多数及和同盟者一道工作；（七）干部政策；（八）党的纪律；（九）党的民主；（十）我们的党已经从两条战线斗争中巩固和壮大起来；（十一）当前的两条战线斗争；（十二）学习；（十三）团结和胜利。

毛泽东摘用古语"言必信，行必果"是在讲话的第二部分。在这部分中，毛泽东对共产党员提出了一个要求：共产党员要在民族战争中表现出高度的积极性，在各方面起其先锋的模范的作用。具体来说，共产党员在八路军和新四军中应该成为英勇作战的模范，执行命令的模范，遵守纪律的模范，政治工作的模范和内部团结统一的模范；在和友军发生关系时，应成为实行抗战任务的模范，"言必信，行必果"的诚实模范，统一战线中各党相互关系的模范；在政府工作中，应该是十分廉洁、不用私人、多做工作、少取报酬的模范。同时，共产党员还要成为实事求是的模范、具有远见卓识的模范以及学习的模范。讲话的最后，毛泽东鼓舞共产党员和人民大众中的一切先进分子高度地发挥其先锋的模范的作用，去动员全民族一切积极力量，为克服困难、战胜敌人、建设新中国而奋斗。

知无不言，言无不尽

各级领导人员，有责任听别人的话。实行两条原则：（一）知无不言，言无不尽；（二）言者无罪，闻者足戒。如果没有"言者无罪"一条，并且是真的，不是假的，就不可能收到"知无不言，言无不尽"的效果。

——《一九四五年的任务》（一九四四年十二月十五日）（《毛泽东文集》第三卷，人民出版社1996年8月第一版，第242—243页）

原典

"知无不言，言无不尽"摘自北宋·苏洵《嘉祐集·衡论上·远虑》：

圣人之任腹心之臣也，尊之如父师，爱之如兄弟，握手入卧内，同起居寝食，知无不言，言无不尽，百人誉之不加密，百人毁之不加疏，尊其爵，厚其禄，重其权，而后可以议天下之机，虑天下之变。

注解

苏洵（1009—1066），字明允，号老泉，四川眉山人，北宋文学家，与其子苏轼、苏辙合称"三苏",位列"唐宋八大家"。据说苏洵27岁时才开始发奋读书,历经十余年闭门苦学,学业大进。欧阳修赞之可与贾谊、刘向媲美,一时公卿大夫争相传诵其文,洵名声大振。

苏洵长于散文,尤擅政论,著有《嘉祐集》15卷。本段引文即出自该书。这段话主要论述君主如何与臣子相处。大意是:贤明的君子任用腹心大臣时,应将其尊为自己的父亲老师,爱他犹如兄弟一样,一起吃饭睡觉,凡是知道的,就毫无保留地说出来。一百个人赞美他也不更加亲密,一百个人诋毁他也不疏远,授之以高官厚禄实权,这样才可以与之谋划治理天下的策略,商议天下局势的变化。

后用"知无不言,言无不尽"指凡有所知,都毫无保留地讲出来。

赏读

1944年12月15日,陕甘宁边区参议会第二届第二次会议召开,毛泽东作了题为《一九四五年的任务》主题演说。

他首先分析了世界反法西斯战争的形势和中国目前的国内形势。接着,他对解放区次年的工作提出了如下十五条要求:一、扩大解放区;二、警惕并粉碎敌人的进攻;三、整训自卫军与民兵;四、整训正规军与游击队;五、在老区域和新发展区域,要分别注意补充原有军队的消耗数额和扩大军队;六、加强军队内部团结;七、加强拥政爱民与拥军优抗两项工作;八、继续坚持和维护抗日民族统一战线;九、减租;十、开展生产运动;十一、特别注意文教工作;十二、注重用群众民主选举的方法选出优秀分子;十三、加大对干部的轮训力度;十四、善于运用民主作风;十五、继续思考促成联合政府的办法。

毛泽东摘用"知无不言,言无不尽"是在论述第十四个问题,即善于运用民主作风时。

在长期的革命斗争中，中国共产党形成了理论联系实际、密切联系群众、批评与自我批评三大优良作风。其中，密切联系群众就要求党的各级干部在工作中要善于运用民主作风，全面深入到群众中去，认真听取不同的意见，改善自己的工作方式和方法。

从整体上看，党的大多数干部都做到了这一点，毛泽东对此也有肯定。然而，尚未学会运用民主作风，身上还带有从旧社会传染来的官僚主义作风的情况也是存在的。他们习惯于独断专行，"别人提不得不同的意见，提了就不高兴。只爱听恭维话，不爱听批评话"。对此，毛泽东要求在党内外要提倡民主之风，"不论什么人，只要不是敌对分子，不是恶意攻击，允许大家讲话，讲错了也不要紧"，各级领导人员"有责任听别人的话"。

为了让各级领导人员更好地听取意见，毛泽东还提出了两条原则："知无不言，言无不尽"和"言者无罪，闻者足戒"。"知无不言，言无不尽"出自苏洵的《嘉祐集》，意指发表意见时毫无保留，坦诚直言。"言者无罪，闻者足戒"出自《诗·大序》，意指发表意见的人尽管说得不完全正确或不正确，也是没有罪过的；听的人即使没有过错，也应当引以为戒。毛泽东在这里摘用这两句话，就是希望党的各级工作人员既要敢于给自己的同事提意见，又要善于听取别人提出的意见。给别人提意见时要从真心帮助别人的角度出发，毫无保留；听取别人的意见时也要认真反思，有过错要及时改正，没有过错也要进一步勉励自己做好工作。只有这样，我们才能团结更广大的人民，我们的事业才能获得更大的与更快的发展。

七十而从心所欲，不逾矩

决议把许多好事挂在我的账上，我不反对，但这并不否认我有缺点错误，只是因为考虑到党的利益才没有写在上面，这是大家要认识清楚的，首先是我。孔夫子七十而从心所欲不逾矩，我即使到七十岁相信一定也还是会逾矩的。

——《对〈关于若干历史问题的决议〉草案的说明》（一九四五年四月二十日）（《毛泽东文集》第三卷，人民出版社 1996 年 8 月第一版，第 284 页）

原典

"七十而从心所欲，不逾矩"摘自春秋·孔子《论语·为政》：

子曰："吾十有五而志于学，三十而立，四十而不惑，五十而知天命，六十而耳顺，七十而从心所欲，不逾矩。"

注解

《为政》篇共 24 章，主要内容涉及孔子"为政以德"的思想、为官从政的基本原则、温故而知新的学习方法、对孝悌等道德范畴的进一步阐述以及孔子本人学习修养的过程和体会。这段话就是孔子对自己一生学习和修养过程的一个概括性总结，大意是："我十五岁时，开始立志于学习；三十岁时，就能够坚定自立了；四十岁时，我对一切道理都能通达而不再有疑惑；五十岁时，懂得了天命；六十岁时，凡我听到的都能明白贯通，不再感觉到不顺；七十岁时，我就能随心所欲，也不会有逾越规矩法度之处了。"在孔子看来，人的学习修养是一个随着年龄增长，思想境界能与之俱进的过程，只有不断学习，才能达到"从心所欲不逾矩"的最高境界。

赏读

为了总结党25年斗争的基本经验，在毛泽东的指导下，经过一年多努力，中共中央起草了《关于若干历史问题的决议》（草案）。1945年4月20日，中共六届七中全会举行最后一次全体会议，讨论通过了这个决议。在决议通过前，毛泽东就决议内容的一些重要问题进行了说明，这就是后来收入《毛泽东文集》第三卷的题为《对〈关于若干历史问题的决议〉草案的说明》的讲话。

在讲话中，毛泽东站在实事求是的立场，对党内一些曾经犯过错的同志进行了客观评价，并提出了"治病救人"的方针。他还作了自身反省，认为《关于若干历史问题的决议》尽管从全党利益的角度出发，把很多功劳都挂在自己头上，但这并不是说明自己没有缺点错误。他随即摘用"七十而从心所欲，不逾矩"这句古语来说明：只有孔子那样的圣人才能不犯错误，而一般的人，包括他自己，总是不可避免地犯错误。

毛泽东的讲话，意在说明：人不可能不犯错误，问题的关键在于如何对待自己所犯的错误以及犯错的同志。这里，就要贯彻整风运动中一直实施的以及《关于若干历史问题的决议》中特别强调的"惩前毖后，治病救人"的方针。毛泽东的这些观点令人折服，为顺利通过《关于若干历史问题的决议》统一了认识。

黎明即起，洒扫庭除

我们马克思主义者是革命的现实主义者，绝不作空想。中国有句古话说："黎明即起，洒扫庭除。"黎明者，天刚亮也。古人告诉我们，在天刚亮的时候，就要起来打扫。这是告诉了我们一项任务。只有这样想，这样做，才有益处，也才有工作做。中国的地面很大，要靠我们一寸一寸地去扫。

——《抗日战争胜利后的时局和我们的方针》（一九四五年八月十三日）
（《毛泽东选集》第四卷，人民出版社1991年6月第二版，第1132页）

原典

"黎明即起，洒扫庭除"摘自清·朱用纯《朱子家训》：

黎明即起，洒扫庭除，要内外整洁；
既昏便息，关锁门户，必亲自检点。

注解

朱用纯（1617—1688），字致一，自号柏庐，江苏昆山人，清代著名理学家、教育家。明亡后不再求取功名，隐居乡里教授学生、深研程朱理学。著有《朱子家训》《删补易经蒙引》《四书讲义》《劝言》《耻耕堂诗文集》《愧纳集》等。《朱子家训》又名《朱子治家格言》《朱柏庐治家格言》，全文以五百余字的凝练语言精辟地阐明了修身治家之道，通俗易懂，自清代以来多为蒙学教学的必选教材。"黎明即起，洒扫庭除"是《朱子家训》的开篇之句。

赏读

在抗日战争即将胜利的前夕，1945年5月5日至21日，国民党在重庆召开第六次代表大会，制定了一条坚持独裁、准备内战的路线，妄图窃取中国人民辛苦赢得的胜利果实。

为了保护来之不易的和平局面，毛泽东多次在不同场合提醒党内外要警惕国民党一意孤行地实施独裁和内战的必然性。1945年8月23日，毛泽东在延安干部会议上作的题为《抗日战争胜利后的时局和我们的方针》的主题讲演，对抗日战争胜利后的时局和共产党的方针提出了看法。

在讲演中，毛泽东表明了共产党人的态度："对于蒋介石发动内战的阴谋，我党所采取的方针是明确的和一贯的，这就是坚决反对内战，不赞成内战，要防止内战。"当然，如果国民党坚持打内战，共产党人也是不惧怕的，"就只好拿起武器和他作战"。

要保护好胜利果实，除了坚决的武装斗争外，毛泽东认为还有一个不可缺少的条件：需要提高人民群众的觉悟。当时，受国民党宣传的蛊惑，还有相当多的人相信蒋介石，存在着对国民党和美国的幻想。毛泽东指出："当着人民还不觉悟的时候，把革命果实送给人家是完全可能的。"因此，共产党要特别注意帮助群众清除这些错误思想。这些错误思想，这些中国人民脑子中的落后的东西，就是"尘土"，要坚决除去。

要除尘就要有工具。毛泽东将党领导下的新四军、八路军比喻成扫帚，鼓励他们研究除尘的方法，不要作无谓的空想。他摘用"黎明即起，洒扫庭除"要求广大党员对解决中国现实问题要有耐心，能持之以恒。

盈缩之期，不但在天；
养怡之福，可得永年

你须长期休养，不计时日，以愈为度。曹操诗云：盈缩之期，不独在天。养怡之福，可以永年。此诗宜读。

——《致胡乔木》（一九六一年八月二十五日）(《毛泽东书信选集》，中央文献出版社 2003 年 11 月第一版，第 540 页)

原典

"盈缩之期，不但在天；养怡之福，可得永年"摘自三国魏·曹操《步出夏门行·龟虽寿》：

神龟虽寿，犹有竟时。腾蛇乘雾，终为土灰。老骥伏枥，志在千里；烈士暮年，壮心不已。盈缩之期，不但在天；养怡之福，可得永年。幸甚至哉，歌以咏志。

注解

曹操（155—220），字孟德，小名阿瞒，沛国谯县（今安徽亳州）人，三国时期杰出的政治家、军事家、诗人。东汉末年，朝纲不济，群雄并起。曹操借助镇压黄巾军起义的机会，趁机发展自己的武装力量，为奠定北方、统一黄河流域打下了强有力的军事基础。208 年，授丞相职。216 年，封魏王。220 年，其子曹丕称帝，建立魏国，追尊曹操为魏武帝。曹操的诗笔力雄浑，慷慨悲壮，开启并代表了"建安风骨"的文学时代特色。现存 21 首，均为乐府诗。

208 年，曹操北征乌桓。在凯旋路上，面对壮阔江山，时年 53 岁的曹操心潮跌宕，写下了这首《步出夏门行·龟虽寿》。全诗笔力遒劲，充满昂扬斗志，抒发了诗人气吞山河的英雄气概，读来令人血脉偾张。"老骥伏枥，志在千里；烈士暮年，壮心不已"一句更是成为激励一代代志士仁人建立功勋的座右铭。《世说新语》载：东晋大将王敦，每酒后必咏诵"老骥伏枥，志在千里。烈士暮年，壮心不已"，情至酣处，以如意击打唾壶为节，壶口尽缺。

除此之外，"盈缩之期，不但在天；养怡之福，可得永年"这句充满哲辩思想的诗句也是使该诗具有崇高艺术价值的原因之一。曹操认为，世间万物尽管都有盛衰生死周期，但却不是完全受苍天支配，一个人只要遵循修养身心的规律，还是能够延年益寿的。

赏读

在毛泽东看来，曹操不仅是一位杰出的政治家、军事家、诗人，同时还是一个养生学家。他曾对自己的保健医生说：曹操一生戎马倥偬，军旅生涯很辛苦，在当时，医疗条件也不好，可他懂得掌握自己的命运，活了 65 岁，算得上一位长寿的老人了。在阅读《步出夏门行·龟虽寿》时，毛泽东除了欣赏这首诗体现出的英雄气概，还非常认可"盈缩之期，不但在天；养怡之福，可得永年"体现出来的哲学思想，并将该句视为养生的指导。

1961 年 6 月，时任毛泽东秘书的胡乔木因神经衰弱，无法正常工作，只乔木同志：

八月十二日信收到甚慰。你须长期休养，不计时日，以愈为度。曹操诗云："盈缩之期，不独在天。养怡之福，可以永年。"此诗宜读。你似以迁地疗养为宜，随气候转移，随事游山玩水，专看闲书，不看正书，也不管时事，如此可能好得快些。作一、二、三年休养打算，不要只作几个月打算。如果急于工作，反而迟慢。你的病近似陈云、林彪、康生诸同志，林康因长期休养，病已好了，陈病亦有进步，可以效法。问若木好。如蒙迁地疗养，应宜随去。以上建议，请你们二人商酌决定。我身心甚好，顺告，勿念。

毛泽东 1961年八月二十五日

好开始休病假。到 8 月中旬，病情仍不见好转，他便致信毛泽东说："从今年 6 月休息，到现在快 3 个月了。""近半月来情况又有些变坏，还是走不动路，睡不着觉，认真谈话就觉得脑子发胀。推测起来，大概是因为这些时多看了一些文件，多谈了一些话之故。因此，原来想到庐山会议来听听报告，现在为求真正复原，免得反而拖久，只好请假了。"

8 月 25 日，毛泽东复信同意。在信中，毛泽东摘用"盈缩之期，不但在天；养怡之福，可得永年"向胡乔木提出养生理念，并建议他："以迁地疗养为宜，随气候转移，从事游山玩水，专看闲书，不看正书，也不管时事，如此可能好得快些。"

毛泽东摘用《步出夏门行·龟虽寿》中的名句推荐给胡乔木，是因为他认为这首诗蕴含着养生理念。在 1963 年 12 月 14 日给林彪的一封信中，毛泽东直陈这首诗是"讲养生之道的"，读之"可以增强信心"。

除了注重诗中体现出的养生理念，毛泽东用以批判"天命"的迷信思想。《南史·僧虔传》中，记载了刘宋时光禄大夫刘镇之 30 岁时曾得大病几近丧命，但最终活到了 90 多岁的史实。史家评论道："因此而言天道未易知也。"毛泽东不同意这个观点，随即写下批注："盈缩之期，不尽在天。养怡之福，可以永年。"

盛名之下，其实难副

我曾举了后汉人李固写给黄琼信中的几句话：峣峣者易折，皎皎者易污。阳春白雪，和者盖寡。盛名之下，其实难副。这后两句，正是指我。我曾在政治局常委会上读过这几句。人贵有自知之明。

——《给江青的信》（一九六六年七月八日）（《建国以来毛泽东文稿》第十二册，中央文献出版社1998年1月第一版，第72页）

原典

"盛名之下，其实难副"摘自南朝宋·范晔《后汉书·黄琼传》：

自生民以来，善政少而乱俗多，必待尧、舜之君，此为志士终无时矣。常闻语曰："峣峣者易缺，皎皎者易污。"阳春白雪，和者盖寡，盛名之下，其实难副。

注解

范晔（398—446），字蔚宗，顺阳（今河南淅川县）人，史学家、文学家。宋左光禄大夫范泰之子，曾任秘书丞、新蔡太守和尚书吏部郎等职。《后汉书》记载了自东汉光武帝刘秀建武元年（25）至汉献帝建安二十五年（220）整个东汉一代近二百年的历史，与《史记》《汉书》《三国志》合称"四史"。

　　黄琼是东汉名臣。汉顺帝时，外戚大臣为掩盖把持朝政的真相，有意征召一些"名士"入朝为官。黄琼也在被征召之列，但他不愿为官，故意拖延上任时间。朝中一位名叫李固的大臣素来仰慕黄琼，便写信劝他尽快入朝为官。李固写道：有史以来，政局清明的时候少，世俗混乱的时候多，倘若要等待尧舜那样的圣君，那么，有志之士将永无做事的时机了！常言道："高直的东西容易断裂，洁白的东西易被玷污。"阳春之曲虽然高雅，但附和的人少。名声大的人，其实很难做到名实相符。最后，他希望黄琼不要像近来一些被朝廷征召来的人那样，不是"名声太盛"就是"纯盗虚名"，而要深谋远虑，大展宏图，以孚众望。黄琼被李固的诚意感动，当即赴任，后成一代名臣。后用"盛名之下，其实难副"形容名声和实际情况有一定差距。

赏读

　　1966年7月8日，毛泽东给江青写了一封信。信中，毛泽东流露出了对时任军委副主席林彪的不满。

　　毛泽东为什么对林彪不满呢？这还要从1966年5月4日至26日中共中央政治局在北京召开的一次扩大会议说起。会议期间，5月18日，林彪突然在会上发表了一场骇人听闻的"政变经"。他说："最近有很多鬼事，鬼现象，要引起注意。可能发生反革命政变，要杀人，要篡夺政权，要搞资产阶级复辟，要把社会主义这一套搞掉。"他大肆宣扬："毛主席的话，句句是真理，一句超过我们一万句。……他的话都是我们行动的准则。谁反对他，全党共诛之，全国共讨之。"

毛泽东对林彪这一做法并不赞成。在信中，他写道："他（指林彪——引者注）的一些提法，我总觉得不安。我历来不相信，我那几本小书，有那样大的神通。现在经他一吹，全党全国都吹起来了，真是王婆卖瓜，自卖自夸，我是被他们逼上梁山的，看来不同意他们不行了。"接着，毛泽东对自己进行了深入的解剖。他说："我是自信而又有些不自信。我少年时曾经说过：自信人生二百年，会当水击三千里。可见神气十足了。但又不很自信，总觉得山中无老虎，猴子称大王，我就变成这样的大王了。"随后，他摘用了"峣峣者易折，皦皦者易污""阳春白雪，和者盖寡""盛名之下，其实难副"这几句古语，并在"盛名之下，其实难副"八个字下打了着重号，明确指出这两句正是指自己。

毛泽东说自己是"盛名之下，其实难副"，固然有谦辞在内，但更大程度上是反对林彪渲染对自己的政治崇拜。他不指名地批评林彪说："人贵有自知之明。今年四月杭州会议，我表示了对于朋友们（指林彪等人——引者注）那样提法的不同意见。可是有什么用呢？他到北京五月会议上还是那样讲，报刊上更加讲的很凶，简直吹的神乎其神。""我猜他们的本意，为了打鬼，借助钟馗。我就在二十世纪六十年代当了共产党的钟馗了。"

从毛泽东这段话可以看出，在"文化大革命"之初，毛泽东就已经觉察到林彪吹嘘自己的真实用意，不过是借自己的威望行不可告人的阴谋而已。从后来发生的九一三事件来看，毛泽东可谓洞若观火。

千日行善，善犹不足；
一日行恶，恶常有余

"千日行善，善犹不足；一日行恶，恶常有余。"乡愿思想也。孙悟空的思想与此相反，他是不信这样的，即是说作者吴承恩不信这些。他的行善，即是除恶。他的除恶，即是行善。所谓"此言果然不差"，便是这样认识的。

——《读〈绘图增像西游记〉》批语，（《毛泽东读文史古籍批语集》，中央文献出版社 1993 年 11 月第一版，第 74—75 页）

典出

"千日行善，善犹不足；一日行恶，恶常有余"摘自明·吴承恩《绘图增像西游记》：

大圣鼓掌大笑道："快活！快活！自从归顺唐僧，他每每劝我道：'千日行善，善犹不足；一日行恶，恶常有余。'此言果然不差。我跟着他，打杀几个妖精，他就怪我行凶，今日来家，却结果了这许多性命。"

注解

　　《西游记》是明代文学家吴承恩在民间传说故事的基础上创作的一部长篇神化小说。吴承恩（约1500—1582），字汝忠，号射阳山人，怀安山阳（今江苏淮安）人。

　　留下毛泽东批语的这个版本，是光绪辛卯年（1891）上海广百宋斋校印的《绘图增像西游记》，全十册。本书第二十八回《花果山群妖聚义，黑松林三藏逢魔》叙述的是，孙悟空因三打白骨精被唐僧逐回花果山后，作法打死来花果山掠杀众猴的千余猎人的故事。"千日行善，善犹不足；一日行恶，恶常有余"是唐僧经常教导孙悟空要行善除恶的一句箴言，后用来规劝别人多行善事，不做恶事。

赏读

　　《西游记》是毛泽东最为喜爱的一部文学作品，他非常欣赏书中敢于冲破清规戒律束缚、同强大的天庭力量抗争、与各种妖魔鬼怪作斗争的主人公——孙悟空。在他的著作、讲话中，也常常以孙悟空为例作古为今用的借题发挥。他还喜欢阅读与《西游记》研究相关的文章、图书，并留下了不少批语。

　　毛泽东对《西游记》、孙悟空的评价和引用虽然较多，但反映善恶观的评语，据现存史料来看，只有上述引文一条。

　　就《西游记》具体情节来看，唐僧师徒四人赴西天取经的最终目的是取得真经，劝人为善，达到佛门真谛。然而，在如何达到"善"的方式方法上，唐僧和孙悟空出现了分歧。

　　唐僧以善求善，认为善是感化邪恶的不二法门。即使是因善而遭遇种种危险，甚至险些丢掉自己性命的时候，他依然固守这一理念。而孙悟空不同，

> 不是孙悟空之误,是三藏之误。

唐三藏不识贤愚,我为他一路上捉怪擒魔,使尽了平生的手段,几番家打杀妖精,他说我行凶作恶,把我逐赶回家,写立贬书为照,不听用了。众猴鼓掌大笑道:"造化造化!做甚么和尚,回家来带挈我们耍子几年,倒快安排椰子酒来与爷爷接风。"大圣道:"且莫饮酒,我问你那山上的人几时来?"群猴道:"大圣,不曾间断,日日在这里缠扰。今日看来,即大圣分付众猴把那山上的碎石搬将起来堆着,教小的们都往洞内藏躲。老孙作法,那山上大圣心中大怒,即捻诀念咒,往那巽地上吸了一口气,吹将去,便是一阵狂风,那碎石乘风乱飞乱舞,可怜把那些千余人马,都架着鹰犬持着刀枪奔上他的山来。大圣鼓掌大笑道:"快活快活!自从归顺唐僧,他每每劝我,道千日行善,善犹不足,一日行恶,恶常有余。此言果然不差。我跟着他打杀几个妖精他就怪我行凶,今日来家却结果了这许多性命。"叫众猴出来,把那杂色旗号拆洗,做一面彩旗上写着重修花果山复整水帘洞齐天大圣十四字,竖起杆,逐日招魔聚怪,积草屯粮,他的人情又大,手段又高,便去四海龙王借些甘霖仙水把山洗青了,仍栽花种树,逍遥自在乐业安居,不题却说唐僧听信狡性,纵放心猿,撺上马,沙僧挑着担,行过了白虎岭忽又见一带林邱真个是藤攀葛绕柏翠松青,三藏叫道:"徒弟,山路崎岖,切须仔细。你看那兽子抖搜精神,使钉钯开路,领唐僧径入松林之内。"

他主张对妖魔鬼怪主动出击，坚持除恶扬善的行事准则，不相信忍让和言语教化就能除恶务尽的哲学。因此，他多次与唐僧发生分歧。每次，唐僧都向他进行"千日行善，善犹不足；一日行恶，恶常有余"的"谆谆教诲"，甚至不惜念"紧箍咒"来惩罚"劣徒"。

在行善问题上，毛泽东无疑是站在孙悟空这边的。他认为，唐僧的"千日行善，善犹不足。一日行恶，恶常有余"观点，是乡愿思想。"乡愿"出自《论语·阳货》："乡愿，德之贼也。"乡愿，指外貌忠诚谨慎，实际是欺世盗名的人。后用"乡愿"代指不问是非的好好先生的处世哲学。愿，通"原"。《孟子·尽心下》对这个词进行了详细的解释，说："阉然媚于世也者，是乡原也"，"非之无举也，刺之无刺也。同乎流俗，合乎污世。居之似忠信，行之似廉洁。众皆悦之，自以为是，而不可与入尧舜之道。故曰'德之贼也'"。

毛泽东这个论断十分精准地概括了唐僧的性格特征。他之所以反对这种思想，是因为这种思想不但不能鼓励人们去同奸邪势力作斗争，反而助纣为虐，一定程度上助长了作恶之徒的嚣张气焰。而孙悟空的做法就不一样了，正是由于他坚持斗争，坚持武力降服妖魔，才多次挽救了唐僧等人的性命，并最终到达了西天，取回了真经。毛泽东称赞说："他的行善，即是除恶。他的除恶，即是行善。"他认为孙悟空的非"乡愿"思想，才是"此言果然不差"也。

毛泽东自幼爱看中国古代传奇小说，"特别是其中关于造反的故事"。他否定唐僧的"乡愿"思想，赞成孙悟空的做法，正是其性格和价值观的体现。他从《西游记》中读出了人生的哲学，也读出了中国革命的真知。这恐怕是一直到晚年，他还在书房里存放着五种版本的《西游记》的缘故吧。

方法篇

言不必信，行不必果，惟义所在

言不必信，行不必果，惟义所在。

——《〈伦理学原理〉批注》，（一九一七至一九一八年）（《毛泽东早期文稿》，湖南人民出版社 2013 年 11 月第一版，第 196 页）

典出

"言不必信，行不必果，惟义所在"摘自战国·孟子《孟子·离娄下》：

孟子曰："大人者，言不必信，行不必果，惟义所在。"

注解

　　孟子是孔子后的儒家代表人物。但是，从孟子"言不必信，行不必果"这句话字面上理解，却和孔子倡导的"言必信，行必果"意思相反。实际上，这是后人对孔子原话进行断章取义的理解所致。

　　《论语·子路》中记载了孔子与弟子子贡的一次对话，讨论三种不同"士"的标准。其中，孔子认为第三种"士"的标准是："言必信，行必果，硁硁然小人哉!"这句话的字面意思是:如果说话必须讲究守信,行动一定产生结果,那这个人就一定是个不折不扣的小人。

结合孔子的思想来看,这样理解显然是不对的。"信"是儒学的核心观念之一,孔子对此颇多论述,他一方面强调"人而无信,不知其可也",另一方面,又反对拘泥固执于"信"而不知变通的做法。所以,他才会说,"言必信,行必果,硁硁然小人哉!"

这里,孔子是从反面来否定一些书呆子固执"言必信,行必果"而不知变通的行为,但他并没有指明如何变通以及变通的"度"。他之后的孟子,才从正面提出"言不必信,行不必果,惟义所在"的观点,解决了这一问题。在孟子看来,一个人出言不必讲求信用,行为也不一定要有结果,只要符合"义"的标准就可以了。由此可见,孟子学说与孔子学说的一脉相承性。

赏读

《伦理学体系》是德国哲学家、伦理学家、教育学家包尔生(1846—1908)的主要代表作。1900年,日本学者蟹江义丸将该书的《序论》和第二篇《伦理学原理》译成日文,冠名《伦理学原理》出版。1910年,蔡元培先生根据日译本翻译成文言文,由商务印书馆出版。杨昌济在湖南省立第一师范授课时以此作为教材。

毛泽东在1917年至1918年期间深入阅读了这本不到十万字的书,并在旁白处写下了一万二千余字的批语。批语的内容,绝大部分是他对伦理观、人生观和历史观的看法和评论,还有一部分是对原著内容的提要或注释。精彩之处多被毛泽东用笔圈画,并加上"切论""此语甚精""至真之理,至澈之言""吾前论与此之意完全相同""此章说得最好"等语。对书中观点不认同的地方,他就打上叉,或批上"此论太奇""吾意不应以此立说"等语。毛泽东的这些批注,后来被整理成《〈伦理学原理〉批注》一文,收入

毛泽东读《伦理学原理》的批注（部分）

《毛泽东早期文稿》。

这句"言不必信，行不必果，惟义所在"，是毛泽东在读"恶、祸和护神论"章之"论先天直觉论道德哲学之谬误"一节的批注。

直觉主义道德伦理哲学源于英国剑桥柏拉图学派、西季威克和德国哲学家康德的伦理思想，他们认为善、义务等道德概念不可能通过理性和经验来论证，只能靠先天的道德直觉来认识。包尔生并不完全赞同这种观点，在这一节中，他对直觉主义道德伦理哲学作了一分为二的分析，对其中的谬论作了批判。

为了论证自己的观点，包尔生还举了一个例子。假设有一个与他所属的政党或政府在某点不合的政治家，现在有一份已经被拟定好的、与他观点不合的纲领性文件需要他签名，他该如何做呢？签吧，违背自己的意愿，是自欺欺人之无道德之举；不签吧，"将失其在政界之动力，而大为前途之障碍"。此时如何取舍，绝非直觉主义道德伦理哲学所能解决。包尔生认为，要解决这件事，必须从行为产生的效果来评定，"如无重大之关系，则屈意而殉党以"；如果事关重大，"毋宁离党而自申其见"。

毛泽东在读到这个例子时，批注道："言不必信，行不必果，惟义所在。"

客观上说，尽管包尔生认识到了直觉主义道德伦理哲学的合理性，也批判了其中存在的谬论，但他始终没有创立一种新的理论体系，只是在二者之间提出了一种折中意见，表现出了他在哲学上的二元论倾向。毛泽东不是很认同他这种做法，联想到他之前读过的先秦典籍，便从《孟子》中摘用这样一句带有深刻哲理的语句，表明自己解决这种问题的观点。

引而不发，跃如也

  菩萨是农民立起来的，到了一定时期农民会用他们自己的双手丢开这些菩萨，无须旁人过早地代庖丢菩萨。共产党对于这些东西的宣传政策应当是："引而不发，跃如也。"菩萨要农民自己去丢，烈女祠、节孝坊要农民自己去摧毁，别人代庖是不对的。

  ——《湖南农民运动考察报告》（一九二七年三月）（《毛泽东选集》第一卷，人民出版社1991年6月第二版，第33页）

原典

  "引而不发，跃如也"摘自战国·孟子《孟子·尽心上》：

  公孙丑曰："道则高矣，美矣，宜若登天然，似不可及也；何不使彼为可几及而日孳孳也？"孟子曰："大匠不为拙工改废绳墨，羿不为拙射变其彀率。君子引而不发，跃如也。中道而立，能者从之。"

注解

本段引文通过孟子与弟子公孙丑对话的方式,阐释了学习"道"的方法。公孙丑认为:"道"太高、太美,但要想得到它好比登天一样不可企及;为何不能将其改变,使人稍作努力就可以接近呢?孟子不同意公孙丑的观点,他以高明的工匠不会因为手艺拙劣的工人而改变或者废弃制作的规矩、后羿也不会因为拙劣的学习射手而变更开弓的标准为例,来说明教有成法、授有成例,不可随意变更做好事情的准绳。

"引而不发,跃如也",原指善于教射箭的人,张满了弓,却不发箭,只作跃跃欲射的样子,以便学的人观摩领悟。后用以比喻做好准备,相机行事;或比喻善于引导而不越俎代庖。

赏读

从1926年下半年起,随着北伐战争的节节胜利,湖南、湖北、江西等省的农民运动也有声有色地开展起来了。其中,以湖南农民运动声势最为浩大。在党组织的帮助下,他们组建起农民协会,到1926年底,就发展出130万余人的会员。他们在乡村打倒贪官污吏,铲除土豪劣绅、破除封建流毒,开展起轰轰烈烈的农民革命。觉醒的农民组织起农协,不断攻击土豪劣绅、不法地主、贪官污吏和旧恶势力等各种封建宗法思想和封建统治制度,引发了深刻的农村社会大革命。

面对轰轰烈烈的农民运动,土豪劣绅、不法地主和国民党右派等反革命势力诬蔑农民是"痞子""惰农",农民运动是"痞子运动""惰农运动",叫嚣着要取缔农民运动这种土匪行为。一时间,指责农民运动是"流氓地痞运动""糟得很"的呼声此起彼伏。陈独秀担心"过火"的农民运动会影响国共合作的关系,作出了限制农民运动的错误决定,极大地挫伤了农民革命的积极性。

为了深入了解湖南农民运动的情况，1927年初，毛泽东在湖南进行了一个多月的农民运动调查，而后撰写出这份《湖南农民运动考察报告》。

在报告中，毛泽东根据当时农民运动与地主阶级激烈斗争的现实，客观分析了农村中各阶级的革命态度和社会处境，热烈颂扬了大革命中农民群众为推翻乡村封建统治进行的一切革命斗争和历史功业，无情地批判了党内外责难农民运动的各种谬论，重申了中国革命若想取得成功必须依靠农民阶级的立场。

报告最后一章，毛泽东记述了湖南农民运动所作的十四件大事：将农民组织在农会里；政治上打击地主；经济上打击地主；推翻土豪劣绅的封建统治——打倒都团；推翻地主武装，建立农民武装；推翻县官老爷衙门差役的政权；推翻祠堂族长的族权和城隍土地菩萨的神权以至丈夫的男权；普及政治宣传；农民诸禁；清匪；废苛捐；文化运动；合作社运动；修道路，修塘坝。

毛泽东认为农民做的这些事都是革命的正义行动和完成民主革命的必然之路。他摘用"引而不发，跃如也"是在阐述第七件事"推翻祠堂族长的族权和城隍土地菩萨的神权以至丈夫的男权"时。在这一节中，毛泽东剖析了中国农村群众所受的政权、族权、神权、夫权的压迫，对他们摧毁代表封建势力的祠堂、菩萨的行为给予了肯定，建议党组织可以在这方面予以引导，而不要直接加以干涉。

避其锐气，击其惰归

孙子说的"避其锐气，击其惰归"，就是指的使敌疲劳沮丧，以求减杀其优势。

——《中国革命战争的战略问题》，（一九三六年十二月）（《毛泽东选集》第一卷，人民出版社1991年6月第二版，第209页）

原典

"避其锐气，击其惰归"摘自春秋·孙武《孙子兵法·军争》：

是故朝气锐，昼气惰，暮气归。故善用兵者，避其锐气，击其惰归，此治气者也。

注解

孙子，名武，字长卿，春秋末期齐国乐安（今山东惠民县）人，中国古代杰出军事家。《孙子兵法》凡十三篇，是孙武一生用兵谋略之集大成者，也是中国乃至世界上流传下来的最古老、最完整的军事理论著作。与《战争论》

(德国·克劳塞维茨著)、《五轮书》(日本·宫本武藏著)合称为"世界三大兵书",享有"兵学圣典"的美誉。

"军争",意谓战场上两军争利,主要论述如何先敌之前争取制胜条件,取得有利的作战地位。孙子认为,精神、士气在实现军争中有重要作用,上述引文就是对此问题展开的论述,大意是:对于敌军,可以挫伤他们的士气。对于敌人的将领,可以动摇他的决心。军队刚开始交战时,士气比较旺盛,过了一段时间后,就会逐渐懈惰下来,到了后期,士气就会枯竭,人心思归。所以,善于用兵的人,要避开敌人的锐气,等到士气低落甚至枯竭的时候再去打他,这是掌握军队士气的方法。

"避其锐气,击其惰归",后来成为擅兵事者所严格遵守的军事准则。

赏读

为系统总结第二次国内革命战争的经验,解答有关中国革命战争的战略问题,1936年,毛泽东完成了《中国革命战争的战略问题》这篇光辉的军事著作。

在第五章第三节中,毛泽东着重谈了战略退却问题。

毛泽东认为,战略退却是劣势军队在优势军队进攻面前,为了保存军力,待机而破,而采取的一个有计划的战略步骤。接着,毛泽东以《水浒传》中的洪教头与林教头比拳、春秋时期齐鲁之战为例,告诉大家战略退却的一方往往会最终取得胜利的道理。随后,毛泽东又以人民军队成功运用战略退却方针取得胜利的斗争史为例,再一次批判了"左"倾机会主义的错误和严重危害。

当然,战略退却并不是一味地逃跑,而是为了保存军力,准备反攻。那么,反攻应具备什么样的条件呢?毛泽东提出了六种反攻的条件。"使敌人疲劳沮丧"就是其中之一。

接下来，毛泽东对这一条进行了具体阐释。他指出，如果进攻之敌在数量和强度上都超过我军甚远，我们要求强弱的对比发生变化，便只有等到敌人深入根据地，吃尽根据地的苦楚，才能达到目的。这种时候，敌军虽强，但兵力疲劳，士气沮丧，许多弱点都暴露出来。红军虽弱，却养精蓄锐，以逸待劳。此时双方对比，往往能达到某种程度的均衡，或者敌军的绝对优势改变到相对优势，我军的绝对劣势改变到相对劣势，甚至有敌军劣于我军，而我军反优于敌军的事情。在这种情势下再发动进攻，就是孙子兵法中说的"避其锐气，击其惰归"。

运用之妙，存乎一心

　　古人所谓"运用之妙，存乎一心"，这个"妙"，我们叫做灵活性，这是聪明的指挥员的出产品。灵活不是妄动，妄动是应该拒绝的。灵活，是聪明的指挥员，基于客观情况，"审时度势"（这个势，包括敌势、我势、地势等项）而采取及时的和恰当的处置方法的一种才能，即是所谓"运用之妙"。

　　——《论持久战》（一九三八年五月）（《毛泽东选集》第二卷，人民出版社1991年6月第二版，第494页）

原典

　　"运用之妙，存乎一心"摘自元·脱脱、阿鲁图《宋史·岳飞传》：

　　（岳飞）战开德、曹州皆有功。泽大奇之，曰："尔勇智才艺，古良将不能过，然好野战，非万全计。"因授以阵图。飞曰："阵而后战，兵法之常；运用之妙，存乎一心。"泽是其言。

注解

《宋史》凡 496 卷 500 余万字，含本纪 47 卷、志 162 卷、表 32 卷、列传 255 卷，是二十四史中篇帙最为浩繁的一部纪传体通史，由丞相脱脱和阿鲁图先后主持修撰。

上述引文记录的是南宋抗金名将岳飞和宗泽一段论战的话。在岳飞之前，宋军打仗时常拘泥于阵法的整齐、严密，一遇到以骑兵见长的金军便大败。岳飞改变了战法，他以步兵配合骑兵，以骑兵拱卫步兵，多次获胜。宗泽便向岳飞建言："你勇猛过人，是古代良将不能比的。但你打仗时不遵循阵法，恐怕不是万全之计。"然后要送岳飞一幅行军布阵图。岳飞婉言谢绝，说道："列好阵法再去打仗，是军事上的常规。但运用的巧妙灵活，全在于善于思考。"

"运用之妙，存乎一心"是岳飞对自己用兵谋略的总结，后也用于办其他事情。

赏读

在《论持久战》中，毛泽东认为中日间的战争要经历三个阶段："第一个阶段，是敌之战略进攻、我之战略防御的时期。第二个阶段，是敌之战略保守、我之准备反攻的时期。第三个阶段，是我之战略反攻、敌之战略退却的时期。"

在不同的阶段，应采用不同的战争形式。毛泽东指出：在第一阶段我所采取的战争形式，主要的是运动战，而以游击战和阵地战辅助之；在第二阶段，我之作战形式主要的是游击战，而以运动战辅助之；在第三阶段中，应该是战略的反攻战。这个阶段我所采取的主要的战争形式仍将是运动战，但是阵地战将提到重要地位。

具体到不同阶段的具体战术,毛泽东指出:在第一阶段和第二阶段中,应该是战略防御中的战役和战斗的进攻战,战略持久中的战役和战斗的速决战,战略内线中的战役和战斗的外线作战。执行好这些战术,必须坚持主动性、灵活性和计划性的战略原则。

关于灵活性原则的问题,毛泽东指出,灵活性"就是具体地实现主动性于作战中的东西,就是灵活地使用兵力"。当然,灵活地使用兵力这件事,是最不容易做好的。"做这件事需要极大的主观能力,需要克服战争特性中的纷乱、黑暗和不确实性,而从其中找出条理、光明和确实性来,方能实现指挥上的灵活性。"

在战争中,有兵力的分散和集中、分进和合击、攻击和防御、突击和钳制、包围和迂回、前进和后退等种种战术或方法。单一使用某一战术或方法是比较容易的,问题的难点在于灵活地使用和变换这些战术。毛泽东强调:灵活性地运用这些战术要把握好时机、地点和部队三个关节,忽略了任何一方都不能取胜。因此,正确把握灵活性的作战方法是:在正确把握时机、地点和部队三个条件的前提下,不但使用战术,还须变换战术。攻击变为防御,防御变为攻击,前进变为后退,后退变为前进,钳制队变为突击队,突击队变为钳制队,以及包围迂回等等之互相变换,依据敌我部队、敌我地形的情况,及时地恰当地进行变换。

在这个问题的最后,毛泽东摘用"运用之妙,存乎一心"对战术运用过程中的灵活性作了具体阐释。在本段中,毛泽东对"存乎一心"没有作专门论述。但联系上一节关于对主动性的论述,可以看出,毛泽东所强调的"存乎一心"即是要充分发挥人的自觉能动性的问题。正如他所说的:"自觉的能动性是人类的特点。人类在战争中强烈地表现出这样的特点。战争的胜负,固然决定于双方军事、政治、经济、地理、战争性质、国际援助诸条件,然而不仅仅决定于这些;仅有这些,还只是有了胜负的可能性,它本身没有分胜负。要分胜负,还须加上主观的努力,这就是指导战争和实行战争,这就是战争中的自觉的能动性。"

行成于思

孔夫子提倡"再思",韩愈也说"行成于思",那是古代的事情。现在的事情,问题很复杂,有些事情甚至想三四回还不够。鲁迅说"至少看两遍",至多呢?他没有说,我看重要的文章不妨看它十多遍,认真地加以删改,然后发表。

——《反对党八股》(一九四二年二月八日),(《毛泽东选集》第三卷,人民出版社1991年6月第二版,第844页)

原典

"行成于思"摘自唐·韩愈《进学解》:

业精于勤,荒于嬉,行成于思,毁于随。

注解

《进学解》作于唐宪宗元和八年(813)。是年四十六岁的韩愈在长安任国子学博士,教授生徒。进学,意谓勉励生徒刻苦学习,增进学问,求取进步。

全文假托先生之名劝学、生徒质问、先生再予解答的写作方式，阐明了进德修业的道理，同时抒发了作者怀才不遇、仕途跌宕的郁郁之情。

上述引文是先生勉励生徒的话，大意是：学业的精进是由于勤奋，而游荡玩乐则会导致荒废；行动的成功取决于事先认真的思考，失败则是因为大意随便。

赏读

《反对党八股》是毛泽东为整风运动的开展所写的一篇重要文献。全文共分三个部分：第一部分，提出问题，阐释党八股的来源和形式；第二部分，列举党八股的八大罪状，加以深刻批判；第三部分，总结全文，引出中心论点。

毛泽东摘用"行成于思"是在全文的第三部分。在这一部分，为清除党八股的流弊，毛泽东要求全体党员看四篇文章以改进文风。这四篇文章是：《苏联共产党（布）历史简要读本》中关于列宁怎样做宣传的摘录、季米特洛夫在共产国际第七次大会的报告、鲁迅复北斗杂志社讨论怎样写文章的一封信和中国共产党六届六中全会论宣传的民族化。

毛泽东认为，这四篇文章是新鲜活泼的、为百姓所喜闻乐见的、对改进我们文风是大有帮助的。其中，他对鲁迅信中关于如何写文章的八条规则很赞同，逐一提出与同志们共同探讨。在谈到第四条规则"写完后至少看两遍，竭力将可有可无的字、句、段删去，毫不可惜。宁可将可作小说的材料缩成速写，决不将速写材料拉成小说"时，毛泽东由此联系到先秦圣贤孔子提倡"再思"和唐代文学家韩愈躬行"行成于思"，认为多看、多思、多揣摩是写好文章的最好方法，粗心大意就是不懂得做文章的起码知识。

即以其人之道，还治其人之身

　　极端地复杂的中国政治，要求我们的同志深刻地给以注意。英美派的大地主大资产阶级既然还在抗日，其对我党既然还在一打一拉，则我党的方针便是"即以其人之道，还治其人之身"，以打对打，以拉对拉，这就是革命的两面政策。只要大地主大资产阶级一天没有完全叛变，我们的这个政策总是不会改变的。

　　——《关于打退第二次反共高潮的总结》（一九四一年五月八日）（《毛泽东选集》第二卷，人民出版社1991年6月第二版，第782页）

原典

　　"即以其人之道，还治其人之身"摘自南宋·朱熹《四书章句集注·中庸章句》：

　　若以人治人，则所以为人之道，各在当人之身，初无彼此之别。故君子之治人也，即以其人之道，还治其人之身。其人能改，即止不治。

注解

朱熹（1130—1200），字元晦、仲晦，号晦庵，江西婺源（原属徽州地区）人，南宋著名思想家、教育家、理学集大成者。平生著述颇丰，有《四书章句集注》《诗集传》《朱子语类》《文公家礼》《朱晦庵集》等。其中，以《四书章句集注》影响最大。《四书章句集注》是朱熹在二程（程颢、程颐）解经的基础上，参照各家之说，为《大学》《中庸》《论语》《孟子》所作的注。该书在准确阐释文字的同时，更注重对义理的阐发，论述了道、理、性、命、心、诚、格物致知、仁义礼智等哲学范畴及其关系，是以义解读经的代表作，是朱熹穷极毕生精力而成的泣血之作。由于它的刊行，《大学》《中庸》《论语》《孟子》始被称为"四书"，与"五经"一起成为封建社会最重要的经典著作。宋以后，元、明、清三朝都以《四书章句集注》为科举考试的必备参考，影响了封建社会后期达七百年之久。

上述引文是朱熹为《中庸》第十三章"道不远人"所作的注解。大意是："为人之道"就存在于各人自己身上，一开始并无区别。所以，君子"治人"，就在于以现存的道，去启发人们"心中"之道，这样才能为人们所乐于接受。

儒家认为，道是天然地存在于人自身的，一刻也不会离开。"即以其人之道，还治其人之身"的本意是启发人们了解"道"、把握"道"、运用"道"。但后来的意思演变为：用别人对待自己的办法去对待对方。

赏读

抗日民族统一战线形成后，国民党始终没有放弃削弱、消灭共产党的方针。

1940年10月19日，国民政府军事委员会参谋总长何应钦、副参谋总长白崇禧在给朱德、彭德怀、叶挺的电报中，大肆诬蔑共产党"破坏抗战""不服从军令、政令"，强令黄河以南的八路军、新四军在一个月内全部集中到黄河以北冀察地区，掀起了第二次反共高潮。1941年1月，国民党制造了震惊中外的"皖南事变"，反共高潮达到了顶点。

事变发生后，毛泽东等中共领导人从民族大义出发，不与国民党作最终决裂，提出了包括惩办事变祸首在内的十二条处理意见，同时，利用报纸、广播等形式揭露事变真相，唤起国内外爱国力量的支持。一时间，蒋介石陷入内外交困、空前孤立的境地，只好在3月6日召开的国民参政会上作出"以后亦绝无'剿共'的军事"的保证。第二次反共高潮被击退了。

为了总结第二次反共高潮的经验教训，1941年5月8日，毛泽东撰写了《关于打退第二次反共高潮的总结》一文。

文章总结了八条经验教训，即：一、在目前中国之两大矛盾中，中日矛盾仍是第一位的，是基本矛盾；二、指导着国民党政府全部政策的英美派大地主大资产阶级，依然是两面性的阶级，我们对他们也要采取两面政策；三、和国民党的反共政策作战，需要一整套的战术，万万不可粗心大意；四、在反对国民党顽固派的斗争中，将买办性的大资产阶级和没有或较少买办性的民族资产阶级加以区别，将最反动的大地主和开明绅士及一般地主加以区别；五、有些同志由于对于中日矛盾是基本矛盾这一点发生动摇，并因此对国内阶级关系作了错误的估计，因而对党的政策也有时发生动摇；六、一些同志当着我党中央令其准备对付国民党的可能的破裂，对付时局发展的最坏的一种可能性的时候，他们就把别的可能性丢掉了；七、更多的同志不了解民族斗争和阶级斗争的一致性，不了解统一战线政策和阶级政策，从而不了解统一战线教育和阶级教育的一致性；八、还有一些同志，不了解陕甘宁边区和华北华中各抗日根据地的社会性质已经是新民主主义的。

毛泽东摘用"即以其人之道，还治其人之身"是在讲第二条经验时。在这一条中，毛泽东对英美派的大地主大资产阶级的两面性作了论述："它一面和日本对立，一面又和共产党及其所代表的广大人民对立。而它的抗日和反共，又各有其两面性。在抗日方面，既和日本对立，又不积极地作战，不积极地反汪反汉奸,有时还向日本的和平使者勾勾搭搭。在反共方面,既要反共,甚至反到皖南事变和一月十七日的命令那种地步,又不愿意最后破裂,依然是一打一拉的政策。"针对这种特点,毛泽东提出对他们应采取"以打对打,以拉对拉"两面政策,借用宋代大儒朱熹的话来说,就是"即以其人之道,还治其人之身"。

临事而惧，好谋而成

我们的代表多得很，有的同志送给他一个代表名义他还不要，有许多同志要求不要当选中央委员，这种态度是好的。孔夫子讲过："临事而惧，好谋而成。"不要说什么革命没有胜利就是因为我没有当中央委员，这样说是不好的。我们要慎重地选举，慎重地就职，这样才是好的态度。

——《第七届中央委员会的选举方针》（一九四五年五月二十四日）（《毛泽东文集》第三卷，人民出版社1996年8月第一版，第368页）

原典

"临事而惧，好谋而成"摘自春秋·孔子《论语·述而》：

子谓颜渊曰："用之则行，舍之则藏，惟我与尔有是夫。"子路曰："子行三军，则谁与？"子曰："暴虎冯河，死而无悔者，吾不与也。必也临事而惧，好谋而成者也。"

注解

　　这是孔子和弟子颜渊、子路的一段对话。孔子对颜回说:"有用我的,我就出来做事,把所学之道见之于世;不用我的,我只好藏道于身,隐退起来。能做到这样的只有我和你了。"性情直爽的子路不服,问孔子道:"如果老师有三军之事,将选谁作为同事呢?"言外之意是:颜渊思考问题过于谨慎严谨,身体又不好,在军旅之事上孔子必定要选择子路这样身强力壮、勇敢无畏的人。孔子笑答:"徒手搏虎,孤身过河,即使死了也不追悔的人,我是不与他共事的。我所要共事的人,必是临事小心谨慎,善于谋划而能获得成功的人。"

　　孔子和弟子的这段对话,反映了儒家对智、仁、勇三者关系的认识。这里的"惧",是小心谨慎的意思。"临事而惧,好谋而成"意谓:只有遇事小心谨慎、善于谋划思考的人才能取得成功。

赏读

　　1945年4月23日至6月11日,中国共产党在延安杨家岭中央大礼堂召开党的第七次全国代表大会。选举新一届中央委员会是大会的一项重要议程。

　　会上,在选举标准上出现了争论,主要集中在三方面:一、对犯过错误的同志,应不应该选举;二、要不要提拔许多过去不在中央委员会工作的同志到中央委员会来,要不要照顾各方面?就是所谓要不要照顾山头;三、候选人是否必须有完全的知识才能当选?

　　为了解决这些争论,统一选举原则,5月24日,毛泽东在会上作了《第七届中央委员会的选举方针》的主题报告。

　　在报告中,毛泽东开门见山地肯定了七大主席团提出的"要由能够保证实行大会路线的同志来组成中央委员会"这条选举原则。接着,他对存在争论的三个问题逐一作了解释。

在谈到犯过路线错误的同志应不应该选举时，毛泽东反对将犯过错误的同志"一掌推开"的偏激做法，提出"虽然犯过路线错误，但是他已经承认错误并且决心改正错误，我们还可以选他"的原则。

在谈到要不要照顾到各个方面，也就是照顾各个山头问题时，毛泽东主张"还是要照顾才好"，因为"中国革命有许多山头"是一个客观情况，但要注意区分山头与山头主义的区别，"坏的是山头主义、宗派主义，而不是山头"。

在谈到"候选人是否要有完全的知识才能当选"时，毛泽东认为，"任何一个人都不可能通晓各方面的知识"，"不一定要求每个人都通晓各方面的知识，通晓一个方面或者稍微多几个方面的知识就行了，把这些人集中起来，就变成了通晓各方面知识的中央委员会"。

阐述完自己的观点后，对新的中央委员会的人员构成，毛泽东提出建议："新的中央要包含这样一些同志：大批未犯过路线错误的同志，一批犯过路线错误而又改正错误的同志；大批有全国影响的同志，大批现在有地方影响、将来可能有全国影响的同志；一批通晓的方面比较多的同志，大批通晓的方面比较少的同志。"在这个问题的最后，毛泽东摘用了"临事而惧，好谋而成"这句古语，来赞扬那些不贪图代表虚名，一心踏实办实事的领导干部，恳请与会代表以谨慎的态度做好选举工作。

毛泽东的讲话，统一了全党在选举问题上的认识，推进了中共七大各项议程的顺利进行。在这一原则的指导下，6月10日，大会选举出正式中央委员四十四人。至此，中国革命有了更加坚强而完备的领导队伍。

一张一弛，文武之道

古人说："文武之道，一张一弛。"现在"弛"一下，同志们会清醒起来。过去的工作有成绩，但也有缺点，主要是"左"的偏向。现在作一次全面的总结，纠正了"左"的偏向，就会做出更大的成绩来。

——《对晋绥日报编辑人员的谈话》（一九四八年四月二日）（《毛泽东选集》第四卷，人民出版社1991年6月第二版，第1321页）

原典

"一张一弛，文武之道"摘自西汉·戴圣《礼记·杂记下》：

子贡观于蜡，孔子曰："赐也乐乎？"对曰："一国之人皆若狂，赐未知其乐也。"子曰："百日之蜡，一日之泽，非尔所知也。张而不弛，文、武弗能也。弛而不张，文、武弗为也。一张一弛，文武之道也。"

注解

《礼记》是我国古代一部重要的典章制度书籍，据传为西汉礼学家戴圣所编。戴圣，字次君，生卒年不详，生活在西汉武宣时代。为区分西汉中期戴德编著的《大戴礼记》，故将戴圣编著的《礼记》又称为《小戴礼记》。全书共 20 卷 49 篇，包含了大量先秦时代的社会史料和诸子言论。内容涉及礼仪制度、治国方略、道德修养、教育方法等。

"杂记"篇主要论述诸侯、大夫、士之丧礼。对于这个标题，王夫之的一番话或许可作解释。他说："记丧礼之变者及其小节，以篇策繁多，分为上下篇。谓之'杂'者，记辑旧文，略无次序，又兼君、大夫、士而错记之也。"简而言之，因本篇论及内容错综复杂，故名。

本篇虽以记述丧礼为主，却并不局限于这个话题，上述引文就是题外话题。大意是：子贡在观看祭礼时，孔子问他快乐吗？子贡答曰："全国的人都像发狂一样地快乐，我却不知道祭祀有什么快乐的。"孔子开导他说："白天的祭祀，一日的恩泽，并不是你能明白的。弓拉紧不放松，民众长期劳苦却得不到修养，周文王和周武王也不能治理好。弓弦一直松解着，民众一直处于休息状态，周文王和周武王也是治理不好的。弓弦有时拉紧，有时放松，民众有劳作也有休息，这才是周文王和周武王治理民众的方法。"

"一张一弛，文武之道"原指治理国家要宽严相济，后用来说明生活和工作中要合理安排劳逸，也可用来暗指一种做人的修养和智慧。毛泽东在摘用时，将两个短句的顺序作了调整。

赏读

《晋绥日报》的前身是 1940 年 9 月 18 日创刊的晋西南区党委机关报《抗战日报》，1946 年 7 月 1 日改名为《晋绥日报》。

1948 年 3 月 23 日，毛泽东率党中央离开了战斗过十三年的陕甘宁边区，前往河北省平山县西柏坡村。26 日，到达晋绥边区领导机关所在地蔡家崖，并在此地作了八天逗留。其间，毛泽东听取了边区领导人贺龙、李井泉等人的工作汇报,并就农村情况进行了实地调研。4月2日,毛泽东又接见了《晋绥日报》编辑人员,同他们进行座谈,并就党的群众路线和怎样办好党报问题对他们谈话。

谈话指出了报纸的作用和力量,它能"使党的纲领路线,方针政策,工作任务和工作方法,最迅速最广泛地同群众见面"。批评了那种不让群众知道党的政策的错误做法,指出通过报纸让群众了解党的政策,是十分重要的,"这是党的工作中的一项不可小看的、有重大原则意义的问题"。

谈话分析了《晋绥日报》在加强党和群众联系方面的经验和教训。并指出:《晋绥日报》在1947年6月的地委书记会议以后,"内容丰富,尖锐泼辣,有朝气,反映了伟大的群众斗争,为群众讲了话,我很愿意看它"。毛泽东这里说的是《晋绥日报》发起的解放区新闻战线的反"客里空"运动。客里空原为苏联剧本《前线》中的一个新闻记者名,此人惯于捕风捉影,捏造事实。后用以泛指新闻报道中爱讲假话、不求实际的人。在这场运动中,《晋绥日报》要求工作人员开展自查与批评,把肃清"客里空"与端正作风结合起来。毛泽东认为,这一时期《晋绥日报》有很大进步,因为报道内容"充分地反映了群众运动的实际情况",加强了党和群众的联系,群众很容易接受。

在反"客里空"运动的同时,《晋绥日报》又发生了"左"的错误倾向。报纸片面强调"走贫雇农路线",出现了说大话、空话、假话的现象,造成了群众不了解党的政策的问题。1948年1月之后,《晋绥日报》"有点泄气的样子,不够明确,不够泼辣,材料也少了,使人不大想看"。

为什么会出现这个问题呢?毛泽东指出:主要是之前把弓弦拉得太紧了,拉得太紧,弓弦就会断。他摘用"一张一弛,文武之道"这句古语提醒各位编辑:要注意改进报道策略和宣传方式,准确把握好"度",不偏不倚,不"左"不右。只有这样,才能把报纸办得更好。

立片言而居要，
乃一篇之警策

一切较长的文电，均应开门见山，首先提出要点，即于开端处，先用极简要文句，说明全文的目的或结论（现在新闻学上称为"导语"，亦即中国古人所谓"立片言以居要，乃一篇之警策"），唤起阅者注意，使阅者脑子里先得一个总概念，不得不继续看下去。

——《纠正文字缺点》（一九五一年二月一日）（《毛泽东新闻工作文选》，新华出版社2014年10月第一版，第208页）

原典

"立片言而居要，乃一篇之警策"摘自西晋·陆机《文赋·并序》：

或文繁理富，而意不指适。极无两致，尽不可益。立片言而居要，乃一篇之警策。虽众辞之有条，必待兹而效绩。亮功多而累寡，故取足而不易。

注解

陆机（261—303），字士衡，吴郡吴县华亭（今上海松江）人，西晋著名文学家、书法家。所作《文赋》是我国历史上第一篇系统的文学创作论著，揭示了文学创作的规律，较全面地论述了文学的创作过程、手法和技巧，在中国文学评论史上占据里程碑式的重要地位，对后世影响很大。

"立片言而居要，乃一篇之警策"虽只有十二个字，却精辟地道出了行文要义所在。"居要"意谓占据文章首要之处，亦即能体现文章主旨思想；"警策"，即是在文中最能使读者产生共鸣的词句，是全篇最富文采的句子。这种句子的字数无须过多，虽是"片言"，却是一部作品的安身之所、立命之处，是体现文章价值的灵魂所在。

赏读

新中国成立后，在各级机关发布的公文、新闻稿中，不同程度上存在着滥用省略、句法不全、交代不明、篇幅冗长等问题。毛泽东决定纠正这个问题。

1950年11月22日，毛泽东致信胡乔木，请他"负责用中央名义起草一个指示，纠正写电报的缺点"，再邀杨尚昆、李涛、齐燕铭、薛暮桥及胡认为其他有必要邀请的同志开会一次或两次，加以修改充实，然后送交自己。信中，毛泽东特别提出行文应特别注意的一些具体问题。根据毛泽东的指示，胡乔木起草了《中共中央关于纠正电报、报告、指示、决定等文字缺点的指示》。1951年2月1日，毛泽东在审阅这个指示时，加写了几段合计五百多字的文字。这些文字，后来编成《纠正文字缺点》一文。

文章开篇，毛泽东就指出了一切较长的文电的写法，"均应开门见山，首先提出要点"。这种行文方法，中国古已有之，陆机就曾作过概括和总结。

陆机在《文赋》中，对文学创作的前提、动因、文体、结构层次、段落组织等问题都作了规律性的探索与总结。在谈及文章创作的主题问题时，陆机认为，文章的主题不能有两个，确立练达的主题句是写作的关键，它是一篇文章的主旨，能起到提炼文章主要内容的警示作用。

毛泽东非常赞同陆机的观点，认为在文电写作中也应首先以简短的文句表达出文章写作目的，开门见山。这种方法，现在新闻学上称为"导语"，中国古人称之为"立片言以居要，乃一篇之警策"。

事出于沈思，
义归乎翰藻

《昭明文选》里也有批评，昭明太子萧统的那篇序言里就讲"事出于沈思"，这是思想性；又讲"义归乎翰藻"，这是艺术性。单是理论，他不要，要有思想性，也要有艺术性。

——《同文艺界代表的谈话》（一九五七年三月八日）（《毛泽东文集》第七卷，人民出版社1999年6月第一版，第256页）

原典

"事出于沈思，义归乎翰藻"出自南朝梁·萧统《昭明文选·序》：

至于记事之史，系年之书，所以褒贬是非，纪别异同，方之篇翰，亦已不同。若其赞论之综缉辞采，序述之错比文华，事出于沈思，义归乎翰藻，故与夫篇什，杂而集之。

注解

萧统（501—531），字德施，南兰陵（今江苏常州）人，南朝梁文学家。

他是梁武帝萧衍的长子,并在天监元年(502)被立为太子,但未及即位而卒,谥号昭明,世称"昭明太子"。

《昭明文选》,又称《文选》,是我国现存最早的一部选本诗文总集,收录了先秦至梁朝八九百年间130多位知名作者的752篇作品。因该书是昭明太子萧统召集文人编纂而成,故名。

《昭明文选》(序)是萧统亲自撰写、置于全书篇首的一篇文章,简述了诗、赋、辞、论等文体的发展史略,同时说明本书的选录标准:宣传道德的圣贤经书不选;以思辨思想为核心的诸子著作不选;以纪事纪年为主的史书,除略选其中颇有文学辞藻和风采的论赞部分外,其余有关史事因果的叙述,一概不选。一言以蔽之,全书的选录原则是"事出于沈思,义归乎翰藻"。这句话后来成为后人评价文章好坏的一个重要标准,大意是:文章的典故和言论,是经过了仔细的思考推敲的。文章的形式和辞藻,必须是华美清丽的。

赏读

1957年3月8日晚,毛泽东在中南海颐年堂邀集沈雁冰、老舍、巴金等文艺界名人座谈。座谈中,毛泽东对马克思主义思想能否指导写作、文艺为工农兵服务的方向是否继续坚持、文艺的目的、文艺批评的现状等问题,都谈了自己的看法。

毛泽东摘用"事出于沈思,义归乎翰藻"是在谈及文艺批评的现状这一问题时。

文艺批评的现状是当时文化界意见比较多、比较集中的一个问题。毛泽东认为,恰当的、经过研究的、有分析的、事前跟作家谈过的并对作家有所帮助的批评,并不多。很多的批评都是骂一顿,并没有任何思想性。毛泽东将当时的文艺批评分为三类:一类是抓到痒处,不是教条的,有帮助的;一类是隔靴搔痒,空空泛泛,从中得不到帮助的,写了等于不写;一类是教条的,粗暴的，一棍子打死人，妨碍文艺批评开展的。毛泽东提出要搞文艺批评，"最好跟被批评的人谈一谈，把文章给他看一看"，本着"批评的目的，是要帮助被批评的人"的出发点来搞文艺批评工作。

随后，毛泽东谈起了中国自觉的文学批评史，并认为中国自觉的文学批评的历史是从曹丕的《典论·论文》和曹植的《与杨德祖书》开始的，以后有《文心雕龙》等。

这里提到的《典论》是曹丕（187—226）的一部学术著作，《论文》是其中的一篇。此文是我国古代第一篇独立的文学理论批评专著，奠定了中国古代文学批评史的基础。《与杨德祖书》也是魏晋时代的一篇重要的文学评论。作者曹植（192—232）在文中对文学批评与创作之间的关系进行了论述。《文心雕龙》是中国文学理论批评史上第一部有严密体系的文学理论专著，也是一部理论批评著作。作者是南朝梁刘勰（约465—520）。

最后，毛泽东又提到了《昭明文选》一书，认为这里也有"批评"："事出于沈思"，这是思想性；"义归乎翰藻"，这是艺术性。后世向来将"事出于沈思，义归乎翰藻"作为研究萧统选文准则的参考，而毛泽东此处却认为这是编者在进行文章撷选时所持的批评态度，角度新颖。

纠错篇

兄弟阋于墙，外御其务

　　苏维埃中央政府与红军革命军事委员会特慎重地向南京政府当局诸公进言，在亡国灭种的紧急关头，理应翻然改悔，以"兄弟阋于墙外御其侮"的精神，在全国范围首先在陕甘晋停止内战，双方互派代表，磋商抗日救亡具体办法，此不仅诸公之幸，实亦民族国家之福。如仍执迷不悟甘为汉奸卖国贼，则诸公的统治必将最后瓦解，必将为全中国人民所唾弃所倾覆。

　　——《停战议和一致抗日通电》（一九三六年五月五日）（《毛泽东文集》第一卷，人民出版社1993年12月第一版，第386页）

原典

　　"兄弟阋于墙，外御其务"摘自西周·《诗经·小雅·常棣》：

常棣之华，鄂不韡韡。凡今之人，莫如兄弟。
死丧之威，兄弟孔怀。原隰裒矣，兄弟求矣。
脊令在原，兄弟急难。每有良朋，况也永叹。
兄弟阋于墙，外御其务。每有良朋，烝也无戎。
丧乱既平，既安且宁。虽有兄弟，不如友生。
傧尔笾豆，饮酒之饫。兄弟既具，和乐且孺。

妻子好合,如鼓瑟琴。兄弟既翕,和乐且湛。

宜尔室家,乐尔妻帑。是究是图,亶其然乎?

注解

《诗经》是我国最早的一部诗歌总集。本名《诗》,后世称为《诗经》,收集了西周初年至春秋中叶(前11世纪至前6世纪)的诗歌,内分《风》《雅》《颂》三大类,共305篇。其作者绝大部分已经无法考证。

这是一首古代奴隶主欢宴兄弟、以笃友爱的诗歌。大意是:常棣花开片连成片,萼跗光华同根生。阅尽如今世上人,有谁能如兄弟亲。死丧对人是威胁,唯有兄弟最关切。原上聚土入荒冢,兄弟相寻见真诚。鹡鸰被困落荒原,兄弟总会来救急。纵有好友情谊深,只会奈何空长叹。兄弟家内闹纷争,抵御外侮相与共。虽有亲密的好朋友,却也不会来相助。丧乱已经渐平定,既享安全又宁静。虽有手足亲兄弟,不如好友感情深。排起碗盏享佳肴,开怀畅饮意浓浓。兄弟一切来聚齐,融洽笃爱密无间。妻儿和谐感情深,好比鼓瑟和弹琴。兄弟友爱且和睦,融洽无间乐悠悠。家人平安情交好,爱你妻儿感情深。深思熟虑理自现,此话岂有不在理?

诗中"兄弟阋于墙,外御其务"意谓兄弟虽在内不和,对外犹能同心抗敌。后以此劝说斗争的双方相互冰释前嫌,一齐应对来自外部的压力。"务","侮"之假借。后来的引文中,亦常将"务"写成"侮"。

赏读

1936年2月,毛泽东、周恩来、彭德怀签署命令,要求主力红军即刻出发,开赴山西,打通抗日前进的道路。然而,就在红军东征仅仅两个月后,蒋介石却谋划调兵遣将阻止东征并企图摧毁陕甘革命根据地。无奈之下，中央红军被迫回师陕北。1936年5月5日，毛泽东、朱德发出《停战议和一致抗日通电》，再次呼吁停止内战，共同抗日。

在通电中，毛泽东重申了红军东征的军事目的："积极准备东出河北与日本帝国主义直接作战。"日寇侵华日甚，大敌当前，蒋介石不但不抗日，反而"以十师以上兵力开入山西，协同阎锡山氏拦阻红军抗日去路，并命令张学良杨虎城两氏及陕北军队向陕甘苏区挺进，扰乱我抗日后方"。对此，红军并未以武力"集中全力消灭蒋氏拦阻抗日去路的部队，以达到对日直接作战之目的"。为什么呢？红军这是从大局出发，考虑到国难当头，国共双方不论胜负属谁，都是中国国防力量的损失，而为日本帝国主义所称快。所以，中共方面决定将东征军撤回黄河西岸，以此行动向南京政府、全国海陆空军、全国人民表示诚意："愿意在一个月内与所有一切进攻抗日红军的武装队伍实行停战议和，以达到一致抗日的目的。"

在亡国灭种的紧急关头，毛泽东摘用"兄弟阋于墙外御其侮"的警世之言坦诚地向与红军打了十年内战的国民党表达了愿意摈弃前嫌、共同卫国的真挚诚意。通电的最后，毛泽东再次劝言国民政府诸位不要执迷不悟，甘为汉奸卖国贼。在"千夫所指，不病而死"和"放下屠刀，立地成佛"两个方向上，究竟是选择哪条，愿深思熟虑之。

然而，中共方面的坦诚并未换得蒋介石的回心转意。通电发出后不久，蒋介石毫不理会毛泽东"兄弟阋于墙外御其侮"和"放下屠刀，立地成佛"的劝言，甘冒天下之大不韪，继续加紧对陕甘革命根据地的进攻，终于酿成了西安事变，留下了一场深夜遁逃、狼狈不堪的闹剧。一意孤行的蒋介石在"千夫所指，不病而死"的孤立处境下，最终也不得不在表面上发出停止内战、一致抗日的声明。

覆巢之下，复有完卵

中华民族已经到了最危急的时候，"覆巢之下，安有完卵"，深望诸先生悬崖勒马，立即停止进攻红军，并与红军携手共赴国防前线，努力杀贼，保卫国土，驱逐日寇，收复失地。

——《致蒋介石及国民革命军西北各将领书》（一九三六年十月二十六日）（《毛泽东文集》第一卷，人民出版社1993年12月第一版，第458—459页）

原典

"覆巢之下，复有完卵"摘自南朝宋·刘义庆《世说新语·言语》：

孔融被收，中外惶怖。时融儿大者九岁，小者八岁，二儿故琢钉戏，了无遽容。融谓使者曰："冀罪止于身，二儿可得全不？"儿徐进曰："大人岂见覆巢之下，复有完卵乎？"寻亦收至。

注解

《世说新语》又称《世说》，是一本以记录魏晋名士逸闻逸事和玄言清谈为主要内容的故事集。编者刘义庆（403—444），字季伯，彭城（今江苏徐州市）人，南朝宋武帝刘裕的侄子，袭封临川王。《宋书》记载他"爱好文义"，"招聚文学之士，远近必至"。由此可以推知，《世说新语》应该是由他和手下文士共同编纂而成的。全书内容可分为德行、言语、文学等三十六类，每类收录故事若干则，凡千余。每则文字长短不一，记载均属历史上实有的人物，但言论和故事则有一部分出于传闻逸事，不可作为史料证据。《世说新语》对于后世了解魏晋时期文人的思想言行以及他们所处的时代状况和政治环境都有很大参考意义。更可贵的是，本书善用对比、夸张和比喻等文学技巧，为后世留下了许多脍炙人口的名言佳句。

　　"言语"篇记载的主要是魏晋文士一些精妙言论，每段字数不多却富含哲理。上述引文说的是孔融因罪被抓，他的亲戚和朋友都害怕连累到自己，惶恐不安。唯独他的两个儿子毫无惧色，依旧玩游戏。孔融问使者所犯之罪一人独担，能否保全儿子时，他的一个儿子说，鸟窝都被打翻了，巢里的蛋怎么可能完整无好呢？后来局势的发展果不出其所料，孔融的两个儿子也和他一起被抓了起来。后用"覆巢之下，复有完卵"比喻惨遭灭顶之灾，全部覆灭，无一幸免。"复有完卵"后世也写成"安有完卵""尚有完卵""别无完卵"等。

赏读

　　为促成国民党停止内战、联共抗日，1936年10月26日，毛泽东、朱德等46名中共领导人联名发出了《致蒋介石及国民革命军西北各将领书》，再次呼吁停止内战，共御外侮。

　　电文一开始，毛泽东便直陈国家目前之危难局势："我苏维埃红军自去年八月发表宣言，提议建立抗日统一战线以来，转瞬一年多了。这一年间日寇的侵略有加无已，国土日蹙，国势日衰。现在日寇的凶焰益张。华北分离，绥宁沦亡，已经迫在目前。即长江沿海亦莫不敌船云集，蠢蠢欲动。亡国灭种的条件，接连提出。亡国奴的命运威胁着全中国人民。和平久已绝望，牺牲是无可幸免。"

面对目前之险境，国民政府不但不思领导全国人民进行抗战，驱除日寇，反而不断增兵西北，"围剿"红军，大打内仗。毛泽东等人对此十分愤怒，但为抗日救亡大局计，还是作出了主动停止军事行动等四项声明。

接下来，毛泽东摘用"覆巢之下，安有完卵"这句古语再次向国民政府诸先生陈明中华民族目前所处的危急时刻，呼吁国军中有志之士"与红军携手共赴国防前线，努力杀贼，保卫国土，驱逐日寇，收复失地"。为了表达诚意，毛泽东代表红军作出了庄严承诺："愿作前驱，并誓与你们合作到底。在抗日战线上，红军愿担任一定的战线，保证一定任务的完成；在作战指挥上，红军愿服从全国统一的军事指挥。在不得抗日友军的同意，红军决不开入抗日友军的防地。"

最后，毛泽东再次向蒋氏集团发出规劝，希望"蒋先生毅然决然停止进攻红军的最后内战，率领全中国的武装部队实行抗战，以复活黄埔的革命精神，以恢复国共合作时反帝斗争的勇气"。

毛泽东的这封文电，言辞激烈，情感真挚，特别是"覆巢之下，安有完卵"的反问更是牵人心魄，发人深思，一语惊醒了国民党中不少爱国将领。

吾恐季孙之忧，不在颛臾，而在萧墙之内

　　如能实行以上十二条，则事态自然平复，我们共产党和全国人民，必不过为已甚。否则，"吾恐季孙之忧，不在颛臾，而在萧墙之内"，反动派必然是搬起石头打他们自己的脚，那时我们就爱莫能助了。

　　——《为皖南事变发表的命令和谈话》，（一九四一年一月二十日）（《毛泽东选集》第二卷，人民出版社 1991 年 6 月第二版，第 775—776 页）

原典

　　"吾恐季孙之忧，不在颛臾，而在萧墙之内"摘自春秋·孔子《论语·季氏篇》：

　　今由与求也，相夫子，远人不服，而不能来也；邦分崩离析，而不能守也；而谋动干戈于邦内。吾恐季孙之忧，不在颛臾，而在萧墙之内也。

注解

　　《论语·季氏篇》主要记载的是孔子论君子如何修身明德、以礼法治家国

的内容。上述引文是孔子对弟子子路说的一段话。

春秋时期，鲁国大夫季孙氏把持大权，他担心鲁哀公迟早有一天会收回权力，便想攻打鲁国的属国颛臾，防止鲁君联合颛臾共同对付自己。即便失败了，也能削弱鲁国的实力，限制鲁哀公谋己。孔子得知后，极力反对。他对子路说：现在你和冉求辅佐季孙氏，远国之人不归服，却不能招来他们；国家分崩离析，却不能守护；反而进一步在邦内策划更大的干戈。孔子认为，季孙氏所担忧的不是颛臾，而是本国的君主。

后用"吾恐季孙之忧，不在颛臾，而在萧墙之内也"形容对某事的担忧不在其外而在其内。萧墙，宫殿当门的小墙。古代臣子觐见国君，行至此而肃（"肃""萧"古字通）然起敬，故称。

赏读

抗日民族统一战线形成之后，面对国民党顽固派并未放弃不断掀起反共浪潮的现实，毛泽东多次要求中国共产党在坚持抗战、团结、进步方针的同时，也要有足够的精神准备，来应付突然发生的事变，应对最危险最黑暗局面的到来。果然，这种危险很快就到来了。这就是国民党顽固派在1941年1月初制造的震惊中外的皖南事变。

皖南事变后，中共中央迅速作出回应。1941年1月20日，中共中央召开政治局会议，决定重建新四军军部，毛泽东起草重建命令。同时，中共中央决定毛泽东以中共中央革命军事委员会发言人的身份对新华社记者发表关于皖南事变的谈话。这个命令和谈话，后来以《为皖南事变发表的命令和谈话》为题，收入《毛泽东选集》第二卷。

在谈话开始，毛泽东就指明皖南事变发生的必然性："此次皖南反共事变，酝酿已久。目前的发展，不过是全国性突然事变的开端而已。""中国亲日派首要分子，早已潜伏在国民党党政军各机关中，为数颇多，日夕煽诱。至去年年底，其全部计划乃准备完成。袭击皖南新四军部队和发布一月十七日的反动命令，不过是此种计划表面化的开端。最重大的事变，将在今后逐步演出。"

接着，毛泽东详陈了日本和亲日派整个阴谋的策划活动，分析了他们最终要失败的原因，提醒他们必须做以下十二件事：悬崖勒马，停止挑衅；取消一月十七日的反动命令，并宣布自己是完全错了；惩办皖南事变的祸首何应钦、顾祝同、上官云相三人；恢复叶挺自由，继续充当新四军军长；交还皖南新四军全部人枪；抚恤皖南新四军全部伤亡将士；撤退华中的"剿共"军；平毁西北的封锁线；释放全国一切被捕的爱国政治犯；废止一党专政，实行民主政治；实行三民主义，服从《总理遗嘱》；逮捕各亲日派首领，交付国法审判。

毛泽东进一步指出，国民党当局如能实行以上十二条，则事态自然平复，我们共产党和全国人民，必不过为已甚。否则，"吾恐季孙之忧，不在颛臾，而在萧墙之内"。毛泽东摘用这句话的意思是：如果国民党顽固派再做有碍国共合作之事，那么，非但是中共方面不答应，就连全国人民也会对他们的行径忍无可忍。到那时，国民党的主要敌人就不仅是日本侵略者了，还包括全体国民。但如果国民政府能够及时"亡羊补牢"，采纳中共方面提出的十二条正确意见的话，还不算迟，对国共合作的局面仍有挽回之机。

中国共产党从维护抗日民族统一战线的大局出发，提出的十二条善后办法得到了全国各界以及国际舆论的理解与支持。此时的蒋介石，顿时陷入十分孤立的境地。他只好暂时放弃进攻，在国民党第二届第一次国民参政会上，宣称"以后亦决无'剿共'的军事，这是本人可负责声明而向贵会保证的"。毛泽东后来评论蒋介石的这个讲话是"一种阿Q主义，骂我一顿，他有面子，却借此收兵"。

盲人骑瞎马，夜半临深池

老爷们既然完全不认识这个世界，又妄欲改造这个世界，结果不但碰破了自己的脑壳，并引导一群人也碰破了脑壳。老爷们对于中国革命这个必然性既然是瞎子，却妄欲充当人们的向导，真是所谓"盲人骑瞎马，夜半临深池"了。

——《驳第三次"左"倾路线（节选）》（一九四一年）（《毛泽东文集》第二卷，人民出版社1993年12月第一版，第344页）

原典

"盲人骑瞎马，夜半临深池"摘自南朝宋·刘义庆《世说新语·排调》：

桓南郡与殷荆州语次，因共作了语。顾恺之曰："火烧平原无遗燎。"桓曰："白布缠棺竖旒旐。"殷曰："投鱼深渊放飞鸟。"次复作危语。桓曰："矛头淅米剑头炊。"殷曰："百岁老翁攀枯枝。"顾曰："井上辘轳卧婴儿。"殷有一参军在坐，云："盲人骑瞎马，夜半临深池。"殷曰："咄咄逼人！"仲堪眇目故也。

注解

"排调"，戏弄调笑之意。顾名思义，该篇记述的就是戏弄调笑的故事。上述故事记载的是：桓南郡（即桓玄）与殷荆州（即殷仲堪）、顾恺之等人讨论事物彻底终了的话题。顾恺之说："烈火烧光了平原，没有留下种子。"桓南郡说："用白布缠着棺柩，竖起魂幡出丧。"殷荆州说："把鱼投之深渊，把鸟放飞高天。"接着，几人又讨论事物处于危境的话题。桓南郡说："在矛头上淘米，在剑头上做饭。"殷荆州说："百岁老人攀着枯树枝。"顾恺之说："井的辘轳上睡着婴儿。"有个参军也在座，说："瞎子骑着瞎马，半夜时到了深渊边。"殷荆州说："出语伤人。"这是因为殷荆州瞎了一只眼。

后用"盲人骑瞎马，夜半临深池"形容身处险境却决然不知的状态。

赏读

土地革命战争时期，中国革命先后遭受过三次"左"倾错误思想的破坏。特别是以王明为代表的第三次"左"倾错误，几乎断送了中国革命的前途。

1941年九月会议后，毛泽东根据王明上台以后发出的、大体反映了王明等人的"左"的指导思想和主要内容的九个文件写了一篇批判文章。文章分为九个部分，着重从政治路线和思想路线方面深入剖析了第三次"左"倾错误，阐明了解决中国革命一些基本问题的原则、策略和方法。九个部分可独自成篇，又能相互连为一个整体，是毛泽东论述"左"倾路线问题的具有里程碑意义的一篇文献。1965年5月，毛泽东又看过这篇文章，作了一些修改，将题目改为《驳第三次"左"倾路线》。1993年12月出版《毛泽东文集》第二卷时，节选了其中一部分内容，予以发表。

文章共分五部分：第一部分，从哲学高度论述主、客观的辩证关系，指出一切工作都应该从客观实际出发；第二部分，指出在日占区和国统区我党应当采取的多种斗争形势，对王明等只会采取极端狭隘的关门主义与极端冒险的盲动主义进行了批判；第三部分，以王明等人在苏区推行的"地主不分田、富农分坏田"的错误路线为例，深入阐述由此带来在政治、军事、组织路线上的错误；第四部分，阐明了真正马克思主义者对认识世界与改造世界的态度，批判了王明等人既不能正确估计革命形势又不能确定行动方针的错误；第五部分，批判了王明路线领导者们的所谓对两条战线斗争，号召肃清主观主义，达到党内的真正团结与统一。

毛泽东摘用"盲人骑瞎马，夜半临深池"是在本文的第四部分。

文中，毛泽东阐明了作为一个真正的马克思主义者对认识世界与改造世界应取的态度："认识世界是为了改造世界，人类历史是人类自己造出来的，但不认识世界就不能改造世界。""一个马克思主义者如果不懂得从改造世界中去认识世界，又从认识世界中去改造世界，就不是一个好的马克思主义者。一个中国的马克思主义者，如果不懂得从改造中国中去认识中国，又从认识中国中去改造中国，就不是一个好的中国的马克思主义者。"

接下来，毛泽东作了一个形象的比喻。他将中国革命比作建房子，建房子就需要图纸，中国革命也需要有革命的图样。这些图样"就是我们在中国革命实践中所得来的关于客观实际情况的能动的反映"。而王明等主观主义者的图样怎样呢？他们的一切革命图样，"不论是大的和小的，总的和分的，都不根据于客观实际和不符合于客观实际"。"他们的图样不是科学的，而是主观随意的，是一塌胡涂的"。毛泽东将这种不了解实际、高高在上的领导者称为"老爷们"。他指出，老爷们不但不知道自己的问题所在，还妄欲甚至要引导一些人改造这个世界。这种情况是非常危险的，正所谓"盲人骑瞎马，夜半临深池"。

既不能令，又不受命，是绝物也

　　自力更生为主，争取外援为辅，破除迷信，独立自主地干工业、干农业、干技术革命和文化革命，打倒奴隶思想，埋葬教条主义，认真学习外国的好经验，也一定研究外国的坏经验——引以为戒，这就是我们的路线。经济战线上如此，军事战线上也完全应当如此。反对这条路线的人们如果不能说服我们，他们就应当接受这条路线。"既不能令，又不受命，是绝物也"，走进死胡同，请问有什么出路呢？

　　——《独立自主地搞建设》（一九五八年六月十七日）（《毛泽东文集》第七卷，人民出版社1999年6月第一版，第380页）

原典

　　"既不能令，又不受命，是绝物也"摘自战国·孟子《孟子·离娄上》：

　　孟子曰："天下有道，小德役大德，小贤役大贤；天下无道，小役大，弱役强。斯二者，天也。顺天者存，逆天者亡。齐景公曰：'即不能令，又不受命，是绝物也。'涕出而女于吴。今也小国师大国而耻受命焉，是犹弟子而耻受命于先师也。如耻之，莫若师文王。师文王，大国五年，小国七年，必为政于天下矣。"

注解

　　《孟子》中有些话并不是孟子本人言论，这句"既不能令，又不受命，是绝物也"就是出自齐景公之言。据《说苑·权谋》载，齐景公惧怕吴王阖庐伐齐，不得已把女儿嫁给他。送别时，齐景公流着泪说："余死不汝见矣"，又说："余有齐国之固，不能以令诸侯，又不能听，是生乱也。寡人闻之，不能令，则莫若从。"

　　"既不能令，又不受命，是绝物也"大意是：既不能命令别人，又不能听命于他人，这就是同别人断绝了交往。

赏读

　　1958年6月16日，时任国务院副总理兼国家计划委员会主任李富春向中共中央政治局报送第二个五年计划的任务要点。阅后，毛泽东于17日写下一段两百多字的批语，连同报告一并转阅给正在参加军委扩大会议的各同志。这个批语以《独立自主地搞建设》为题，收入《毛泽东文集》第七卷。

　　第二个五年计划是针对从1958年到1962年五年内的任务提出的，在1956年中共八大上通过。在如何实施第二个五年计划的问题上，党内一开始就存在两种不同的声音：一是像实施第一个五年计划那样，继续依靠苏联的帮助；二是独立自主地搞建设。毛泽东认为，应该将这两种方案结合起来，但要自力更生为主，争取外援为辅。他在批语中着重强调独立自主问题，就是要全党以苏联建设中出现的问题为借鉴，依靠本国力量，走出一条适合中国国情的建设道路。那些反对独立自主路线的人，如果没有合理的理由，就应回到独立自主的路线上来。否则，就是"既不能令，又不受命，是绝物也"。最终的结果只能是走进死胡同，孤立无助，毫无出路可言。

犯法者，三原，然后乃行刑

    信教者出五斗米，以神道治病；置义舍（大路上的公共宿舍）；吃饭不要钱（目的似乎是招徕关中区域的流民）；修治道路（以犯轻微错误的人修路）；"犯法者三原而后行刑"（以说服为主要方法）；"不置长吏，皆以祭酒为治"，祭酒"各领部众，多者为治头大祭酒"（近乎政社合一，劳武结合，但以小农经济为基础）。这几条，就是五斗米道的经济、政治纲领。

    ——《读〈三国志集解〉的批语》，（一九五八年十二月十日）（《毛泽东读文史古籍批语集》，中央文献出版社1993年11月第一版，第150—151页）

原典

    "犯法者，三原，然后乃行刑"摘自西晋·陈寿《三国志·张鲁传》：

    鲁遂据汉中，以鬼道教民，自号"师君"。其来学道者，初皆名"鬼卒"。受本道已信，号"祭酒"。各领部众，多者为治头大祭酒。皆教以诚信不欺诈，有病自首其过，大都与黄巾相似。诸祭酒皆作义舍，如今之亭传。又置义米肉，悬于义舍，行路者量腹取足；若过多，鬼道辄病之。犯法者，三原，然后乃行刑。不置长吏，皆以祭酒为治，民夷便乐之。雄据巴汉，垂三十年。

注解

《三国志》是晋代陈寿编写的一部记载魏、蜀、吴三国鼎立时期的纪传体国别史，凡六十五卷，记录了从魏文帝黄初元年（220）到晋武帝太康元年（280）长达六十年战乱纷乱的历史。陈寿（233—297），字承祚，西晋巴西安汉（今四川南充北）人，历任著作郎、治书侍御史等职。

《三国志》中有张鲁的传记。张鲁，生卒年不详，沛国丰县（今江苏丰县）人。其祖父张陵，在汉顺帝时，学道于四川鹤鸣山，造作道书，入道者出米五斗，故称"五斗米道"。东汉初平二年（191），益州牧刘焉任命张鲁为督义司马。张鲁开始逐步培养自己的兵权。经过几次武力征伐后，张鲁势力坐大，成为割据汉中的一方诸侯，并以"五斗米道"教化人民，建立起政教合一的政权。

上述引文记述的就是有关这个政权的情况：张鲁在汉中，自称"师君"。来学道者，初皆称"鬼卒"。接受教义后，则号"祭酒"，各领部众；领众多者为"治头大祭酒"。张鲁继承其祖父的教法，教民诚信不欺诈，令病人自首其过。他还创立义舍，置义米肉于内，免费供行人量需取食，并宣称，取得过多，将得罪鬼神而患病。对犯法者宽宥三次，然后才加惩处；若为小过，则当修道路百步以赎罪。政权内不置长吏，以祭酒管理地方政务。

"犯法者，三原，然后乃行刑"为倡导轻刑罚、重教化的名句，用来说明对待犯错的人应采取先教育、后惩治的方法。毛泽东在摘用时，个别字与原典不同。

赏读

在历代对西晋史学家陈寿《三国志》一书所作的集注中，民国学者卢弼的注颇具参考价值。卢弼（1876—1967），字慎之，号慎园，湖北沔阳（今仙桃）人。晚年寓居天津，主攻三国史。他汇集历代学者的注释、版本校勘和考证，再根据自己的集注成果，著成《三国志集解》，是《三国志》最详细的注本，是阅读《三国志》时的必备参考。毛泽东在读这本书时，留下了25条评论，共计三千余字。这段对张鲁"五斗米道"政权组织的评论，就是以史鉴今，有感而发。

1958年11月28日至12月10日，毛泽东在湖北武昌主持召开八届六中全会，纠正经济建设中"左"的倾向。

会议期间，毛泽东批示印发了《三国志》中的《张鲁传》。为了帮助与会人员阅读，他还于12月7日和10日先后写下两大篇评论（共计约1500字）。会议最后一天，他把7日写的批语画去，指示将10日写的批语印在《张鲁传》的前面，一同印发给与会者。

那么，毛泽东为什么会在会议期间印发这个批语和《张鲁传》呢？

毛泽东之所以推荐《张鲁传》，是因为他非常欣赏张鲁五斗米道"带有不自觉的原始社会主义色彩"的"经济政治纲领"。这点和1958年以来的人民公社运动颇有相似之处。故毛泽东认为张鲁"开了我们人民公社公共食堂的先河"。

在毛泽东看来，汉末至今，虽情况"如天地悬隔"，但农民一穷二白的国情，"仍有某些相似"。封建社会中，贫苦农民追求"梦想平等、自由，摆脱贫困，丰衣足食"。这种追求，恰恰也是今天的共产党人要实现的革命目标。当前正在开展的"大跃进"和人民公社运动，正是为实现这一目标采取的方式。毛泽东印发《张鲁传》和批语，是通过这种方式向与会代表传递这种构想。

搞清楚了这种关联性，我们就不难理解毛泽东在批语里用很大篇幅叙述五斗米道中诸如以道教祭酒为治头（地方行政长官）、置义米肉与义舍（免费提供饭食与宿舍）、以神道治病、对犯法者"三原"（原谅三次）而后再处罚等内容的言下之意了。

迷途知反，往哲是与，
不远而复，先典攸高

"迷途知反，往哲是与，不远而复，先典攸高"，几句见丘迟与陈伯之书。此书当作古典文学作品，可以一阅。"朱鲔喋血于友于，张绣剚刃于爱子，汉主不以为嫌〈疑〉，魏君待之若旧"，两个故事，可看注解。

——《给周小舟的信》（一九五九年八月一日）（《建国以来毛泽东文稿》第八册，中央文献出版社1993年1月第一版，第397页）

原典

"迷途知反，往哲是与，不远而复，先典攸高"摘自唐·李大师、李延寿《南史·陈伯之传》：

昔朱鲔涉血于友于，张绣剚刃于爱子，汉主不以为疑，魏君待之若旧。况将军无昔人之罪，而勋重于当世。夫迷途知反，往哲是与，不远而复，先典攸高。

注解

《南史》是一部记载自南朝宋武帝刘裕永初元年（420）到陈后主陈叔宝祯

明三年（589）共一百七十年历史的纪传体史著，有本纪和列传，无表、志。本纪十卷，列传七十卷，共八十卷。《南史》与《北史》为姊妹篇，均由李大师及其子李延寿两代史学家编撰完成。

李大师（570—628），字君威，隋唐之际人。他撰写南北朝史只有两年时间，后因病逝世。其子李延寿在其旧稿基础上改编年体为纪传体，历时16载，完成了南北朝史的编撰。李延寿（生卒年不详），字遐龄，唐代相州（今河南安阳）人，约生活在唐高祖、太宗、高宗时期。历任过东宫典膳丞、崇贤馆学士、御史台主簿，符玺郎兼修国史等官职。

本段引文是丘迟写信劝降陈伯之的一段话。"夫迷途知反，往哲是与，不远而复，先典攸高"，大意是：误入迷途后知道复返，这是古代贤明之人所赞许的；在过错还不十分严重的时候而能改正，这是古代经典中所推崇的。后用这句话来规劝犯错的人及时改正错误，返回到正确的道路上来。

赏读

1959年7月2日到8月1日，中共中央在庐山举行政治局扩大会议。这次会议，原本是为了纠正"大跃进"和人民公社运动造成的危害，但7月14日彭德怀给毛泽东的一封信彻底改变了会议的主题。

在信中，彭德怀指出了"大跃进"和人民公社运动带来的危害，引起了毛泽东的不满。7月16日，毛泽东将这封信"印发各同志参考"，并加了一个标题"彭德怀同志的意见书"。此后，庐山会议逐渐由纠"左"转到对彭德怀等人的批判上。当时，外交部副部长张闻天、总参谋长黄克诚、湖南省委第一书记周小舟等人因赞同彭德怀的观点，也被认为是犯了"错误"。

"惩前毖后，治病救人"，是毛泽东对待犯了错的同志一贯的方针。面对周小舟的"错误"，毛泽东希望能帮助这位既是同乡又曾任自己秘书的同志改正"错误"。出于这种考虑，8月1日晚，毛泽东给周小舟写了一封信。在这封不足百字的信中，毛泽东在摘用"迷途知反，往哲是与，不远而复，先典攸高"的同时，又借用了"朱鲔喋血"和"张绣剚刃"两个典故。

据《南史·陈伯之传》载，陈伯之原是南朝齐国的江州刺史。梁武帝萧衍起兵伐齐后招降了他，封为丰城县公，命其率兵驻守江夏。陈伯之后来又听信部下邓缮等人的挑唆，反梁而投北魏。天监四年（505）冬，梁武帝萧衍之弟萧宏率军伐魏，与陈伯之交恶。时逢丘迟在萧宏军中任记室（军队中的文职，主要工作是为统帅出谋划策，撰写文书），萧宏便让丘迟写信给陈伯之，劝其归降，于是就有了这篇传之千古的《与陈伯之书》。

招降信共传达了五层意思：首先，将陈伯之在梁国之显赫地位与在北魏之劣邪处境进行对比，形成强烈的反差，勾起陈伯之对往日富贵的怀念；接着，以梁朝"赦罪责功，弃瑕录用"的宽大国策和梁武帝"不以为疑""待之若旧"劝说，表明梁朝招降的诚心实意，解除陈伯之的后顾之忧，继而以"夫迷途知反，往哲是与，不远而复，先典攸高"这样入情入理的言辞对其进行劝降；随后，叙述梁朝功臣武将各享爵位繁华的现状，指出北魏必将覆亡的归宿以及陈伯之所处的危境，为其敲响了警钟；然后，笔锋一转，描写了陈伯之家乡"暮春三月，江南草长，杂花生树，群莺乱飞"的美景，激起陈伯之思旧怀乡之情；最后，将梁朝"皇帝盛明，天下安乐"与北魏之日暮途穷，朝不保夕的现状进行对比分析，为陈伯之阐明天下大势，令其三思而后行，趋利避害，降服梁朝。

丘迟的《与陈伯之书》，既有"感人心者，莫先乎情"的人性感染，又交杂着"晓以大义，鞭辟入里"的事理分析。陈伯之看后，"乃于寿阳拥兵八千归降"。后人遂有"一书力敌百万兵"之说。

通过以上的分析不难看出，如果说毛泽东摘用"迷途知反，往哲是与，不远而复，先典攸高"是对周小舟的"招降"，是劝说他认识到自己的"错误"，那么，接下来，毛泽东引用的两个典故，则是向周小舟表明自己的态度。

"朱鲔喋血于友于""汉主不以为疑"说的是王莽末年绿林军将领朱鲔和东汉开国皇帝刘秀的故事。朱鲔曾参与杀害刘秀的哥哥刘縯。刘秀攻打洛阳时，派人劝降。朱鲔害怕降后被杀，刘秀乃言："夫建大事不忌小怨。今降，官爵可保，况诛罚乎？"于是朱鲔投降，后官至少府。友于，即兄弟。《尚书·君陈》："惟孝友于兄弟。"这里指刘缜。

"张绣剚刃于爱子""魏君待之若旧"说的是三国时张绣与曹操的故事。张绣原为董卓部下，后降曹操，不久又反袭曹操，杀曹操长子曹昂、侄子曹安民与爱将典韦。后曹操伐袁绍，张绣再度归降，曹操不计前嫌，任其为破羌将军。

著名诗人臧克家曾经说过："毛泽东在文章和谈话中，常常引用一些典故和成语，连我这个大学文科毕业了四五十年的人，也得去查书。"仅从文学角度来赏读毛泽东给周小舟的这封信，足见其受传统文化的浸润之深。

情

谊

篇

悲叹有馀哀

去去思君深,思君君不来。
愁杀芳年友,悲叹有馀哀。
衡阳雁声彻,湘滨春溜回。
感物念所欢,踯躅南城隈。
城隈草萋萋,涔泪侵双题。
采采馀孤景,日落衡云西。
方期沆瀁游,零落匪所思。
永诀从今始,午夜惊鸣鸡。
鸣鸡一声唱,汗漫东皋上。
冉冉望君来,握手珠眶涨。
关山寋骥足,飞飙拂灵帐。
我怀郁如焚,放歌倚列嶂。
列嶂青且茜,愿言试长剑。
东海有岛夷,北山尽仇怨。
荡涤谁氏子,安得辞浮贱。
子期竟早亡,牙琴从此绝。
琴绝最伤情,朱华春不荣。
后来有千日,谁与共平生?
望灵荐杯酒,惨淡看铭旌。

惆怅中何寄，江天水一泓。

——《五古·挽易昌陶》（一九一五年五月）(《毛泽东诗词集》，中央文献出版社 1996 年 9 月第一版，第 155—156 页）

原典

"悲叹有馀哀"摘自三国魏·曹植《七哀》：

明月照高楼，流光正徘徊。上有愁思妇，悲叹有馀哀。
借问叹者谁，自云客子妻。君行逾十年，孤妾常独栖。
君若清路尘，妾若浊水泥。浮沉各异势，会合何时谐？
愿为西南风，长逝入君怀。君怀良不开，贱妾当何依？

注解

曹植（192—232），字子建，沛国谯（今安徽亳州）人。自幼聪敏好学，深得曹操喜爱，曹操多次欲立其为太子。后因其放任自行，最终在争储的政治斗争中输给了曹丕。曹丕继位后，处处打击限制这个亲兄弟。曹丕死后，曹叡继位，同样对曹植采取了猜忌、防范的政策。曹植为此常郁郁寡欢，年四十一而卒。曹植是三国时期著名诗人，是建安文学的集大成者。现存诗约八十首，大都有较高的文学价值。

这首《七哀》作于黄初年间，当时曹植正在遭受曹丕的一系列打击和限制。全诗看似写一个思妇的闺怨之辞，实则借思妇之口痛述战乱给人民带来的妻离子散的痛苦，同时也是以孤妾自喻，婉转地道出了对自己身处压抑政治处境的深沉忧伤。

赏读

这是毛泽东为他在湖南一师读书时的同班同学易昌陶写的一首挽诗，是毛泽东诗作中可考的唯一一首五言古诗。全诗共40句，分为五个段落：思友、别友、悲友、忆友、祭友。每个段落八句，段落之间用顶真手法联起，环环相扣，一气呵成。

从"去去思君深"到"踯躅南城隈"，是"思友"部分。诗的开篇，直陈对挚友的思念之情。随后笔锋一转，以雁声、湘滨、南城隈这些平日和挚友齐闻同见的景物，与思友之情交融在一起，写得真切，写得动情，写得感人。

从"城隈草萋萋"到"午夜惊鸣鸡"，是"别友"部分。诗人以"城隈草萋萋"入笔，在叙说自己泪水浸颊、孤身只影、零落不知所思后，点出"永诀"的话题，如泣如诉，感人肺腑。

从"鸣鸡一声唱"到"放歌倚列嶂"，是"悲发"部分。悲恸万分的诗人无法入睡，他多么想鸡鸣时起床，一边在田野上散步，一边看到挚友慢慢来到自己身边。这样他就可以握着他的手，哪怕不知道说什么好……然而，这一切都只是幻想罢了。挚友命运不济，早逝人寰，如今只能任凭劲风吹拂灵帐。此情此景，诗人如何才能不心悲如焚呢？如何才能不背倚青山放声大哭呢？

从"列嶂青且茜"到"牙琴从此绝"，是"忆友"部分。"列嶂青且茜，愿言试长剑"说明诗人和挚友时常面对祖国大好河山共同畅谈报国救民的誓愿。"东海有岛夷"和"北山尽仇怨"说的是不断侵蚀我国领土的日本和沙俄帝国主义。就是在这一年的5月7日，日本政府向袁世凯发出最后通牒，要求他签订旨在灭亡中国的"二十一条"。9日，袁世凯竟全盘接受。消息传出，举国震动。诗人也愤然写下"五月七日，民国奇耻。何以报仇，在我学子"的激昂之辞。"荡涤谁氏子，安得辞浮贱"体现的正是诗人和挚友这种报国救民，舍我其谁的精神。诗人之伤，不尽在失去了一位志同道合的好友；诗人之悲，更多的是痛惜国家从此缺少了一位敢为天下先的爱国青年。诗人之痛，此时已达极致，他把自己和好友比为钟子期和俞伯牙，发出了"子期竟

毛泽东手书《五古·挽易昌陶》

去去思君深，思君君不来，愁欲死芳年。
友悲欢有循，念衰衡阳雁声徽，湘波泻春田。
感物念所欢，踯躅南城隅。瑟瑟草荣荣。
嗟彼双飞翼，徘徊景且暮，衡云西北翔。
沅湘隔离寥，蓼茝匪可思，永诀从今始。年夜鸣鸦，
鸣鸡鸣郊，一声唱日漫，东皇昇上肩三叹君。
永握手江流峨眉限闽山穹寰膛兰芳香胶扫。

毛泽东手书《五古·挽易昌陶》

云惆我惆树为揪发歌倚斜峰峰三青且旧颜忘试长剑束东海有岛夷北山尽仇怨荡涤谁氏子安得辞浮贱子期竟早亡牙琴从此绝琴绝最伤情朱华春不荣后来有千日谁与共平生天涯一孤鸿杯酒慰凄凉吾铭旌惆惆生何寄死何寄已天水一泓

早亡，牙琴从此绝"的无尽感伤。

从"琴绝最伤情"到"江天水一泓"，是"祭友"部分。面对忘友的灵柩，诗人只能献上一杯清酒，对着逝者的灵幡无限地悲哀。用什么表达自己的惆怅呢？只有那天际间悠悠远去的一泓江水。

这首五言古风，虽是追悼之作，却在悲凉中融入一股阳刚之气。诗中所写的倚青山、试长剑、敢为天下先的青年学子形象，给人以长虹贯日、气惊风雷之豪情，使得这首诗具有崇高的审美价值，可以同汉魏乐府古风比美。

欲报之德，昊天罔极

接张君文亮的信，惊悉兄的母亲病故！这是人生一个痛苦之关。像吾等长日在外未能略尽奉养之力的人，尤其发生"欲报之德，昊天罔极"之痛！这一点我和你的境遇，算是一个样的！

——《致周世钊信》（一九二〇年三月十四日）（《毛泽东早期文稿》，湖南人民出版社2013年11月第一版，第427页）

原典

"欲报之德，昊天罔极"摘自西周·《诗经·小雅·蓼莪》

蓼蓼者莪，匪莪伊蒿。哀哀父母，生我劬劳。

蓼蓼者莪，匪莪伊蔚。哀哀父母，生我劳瘁。

瓶之罄矣，维罍之耻。鲜民之生，不如死之久矣！无父何怙？无母何恃？出则衔恤，入则靡至。

父兮生我，母兮鞠我。拊我畜我，长我育我，顾我复我，出入腹我。欲报之德，昊天罔极！

南山烈烈，飘风发发。民莫不穀，我独何害！

南山律律，飘风弗弗。民莫不穀，我独不卒！

注解

　　这是一首子女悼念父母的诗。苦于兵役,不能在父母生前尽孝心的诗人连用十个"我"字,深情回忆了父母的养育之恩,声泪俱下地控诉了剥削阶级对劳动人民的残酷压榨。《蓼莪》笔调深沉,情感悲怆,清人方玉润称该诗为"千古孝思绝作"。后以"蓼莪"指代对亡亲的悼念。"欲报之德,昊天罔极"一句有责问苍天、泣血悼精之悲怆,意谓父母生养抚育之情大如天,做子女的难以报答。

赏读

　　毛泽东与周世钊,既是同乡,又是在湖南一师读书时同居一室的密友。两人有着爱好古诗词文学的共同志趣,又有着改造中国社会现状的宏远抱负。
　　1920年3月14日,得知周世钊母亲病故的噩耗后,毛泽东给周世钊写了这封信。信的主旨原本是谈国内研究与出国研究的先后、团体事业和创办自修大学等问题。但是,挚友母亡的消息引起了毛泽东对自己母亲的思念。当时,距毛泽东母亲文七妹病逝仅5个多月。当时,身在长沙的毛泽东惊闻噩耗后连夜赶回老家,还是未能见上母亲最后一面。10月8日,毛泽东长跪于母亲坟头,笔墨和着泪珠,写下了催人泪下的《祭母文》。相同的境遇使毛泽东特别理解挚友此刻的心情。所以,他在信的开篇就摘用"欲报之德,昊天罔极"表示对挚友此刻心情的理解,并聊以慰藉挚友,希望他能顺利渡过这个人生的"痛苦之关"。同时,他又婉转地表达了自己与周世钊为革命事业长年在外奔波,虽有"欲报之德"的心意却难以报答父母养育恩情的内疚之情。

挥手自兹去

挥手从兹去。更那堪凄然相向，苦情重诉。眼角眉梢都似恨，热泪欲零还住。知误会前番书语。过眼滔滔云共雾，算人间知己吾和汝。人有病，天知否？今朝霜重东门路，照横塘半天残月，凄清如许。汽笛一声肠已断，从此天涯孤旅。凭割断愁丝恨缕。要似昆仑崩绝壁，又恰像台风扫寰宇。重比翼，和云翥。

——《贺新郎·别友》（一九二三年十二月末）（《毛泽东诗词集》，中央文献出版社1996年9月第一版，第1—2页）

原典

"挥手自兹去"摘自唐·李白《送友人》：

青山横北郭，白水绕东城。
此地一为别，孤蓬万里征。
浮云游子意，落日故人情。
挥手自兹去，萧萧班马鸣。

挥手从兹去。更那堪凄然相向,苦情重诉。眼角眉梢都似恨,热泪欲零还住。知误会前番书语。过眼滔滔云共雾,算人间知己吾和汝。人有病,天知否?

今朝霜重东门路,照横塘半天残月,凄清如许。汽笛一声肠已断,从此天涯孤旅。凭割断愁丝恨缕。

毛泽东手书《贺新郎·别友》

凭割断愁丝恨缕。要似昆仑崩绝壁，又恰像台风扫寰宇。重比翼，和云翥。

注解

《送友人》是李白在天宝三载（744年）政治失意后所作，所送友人不可考。全诗以青山、北郭、白水、东城构成一幅送别美景，衬托了宦游落魄之士分别时的哀伤和离愁。末句"挥手自兹去，萧萧班马鸣"写出了送君千里终须一别的无奈，意境开阔，读来让人缠绵悱恻，黯然神伤。后人在创作时，也常将"挥手自兹去"化用为"挥手从兹去"。

赏读

杨开慧是毛泽东授业恩师杨昌济的女儿，比毛泽东小八岁。在湖南一师读书时，由于毛泽东常到杨昌济家请教学问，便与杨开慧相识。1920年冬，两个人结为夫妻。

作为一位职业革命者，注定了毛泽东不可能像一个平凡人那样充分而安稳地享受着这份爱情。1921年春夏之交，因要到沿洞庭湖的岳阳、华容、南县、常德、湘阴等地进行社会调查，毛泽东不得不与杨开慧暂时分别。在离别的这段时间，新婚不久的毛泽东十分想念妻子。于是就有了目前我们所能见到的毛泽东写作时间最早的一首词，也是唯一一首纯粹描写爱情的《虞美人·枕上》："堆来枕上愁何状，江海翻波浪。夜长天色总难明，寂寞披衣起坐数寒星。晓来百念都灰尽，剩有离人影。一钩残月向西流，对此不抛眼泪也无由。"

如果用"缠绵"形容这首词的话，那么，《贺新郎·别友》则充满了昂扬激越的情感。

1923年12月底，毛泽东奉中央通知，立即赴广州帮助孙中山筹备国民党第一次全国代表大会。这天拂晓，杨开慧在长沙小吴门外清水塘边为毛泽东送行。三年的夫妻生活，聚少离多。望着杨开慧那冷清的眼泪和两个嗷嗷待哺的孩子，毛泽东再也压抑不住感情，一首《贺新郎·别友》就这样一气呵成。

词的上阕，塑造了一个对丈夫一片深情和对他从事事业无比支持的贤淑妻子的形象。"挥手从兹去"开宗明义地点明了离别的主题。接下来，诗人以一个"堪"字抒写了与妻子凄婉离别的难舍情绪。然而，杨开慧毕竟是深明大义的奇女子，她理解丈夫从事的革命事业的重要性，于是便"热泪欲零还住"，强烈压抑住自己的感情，赢得了诗人"算人间知己吾和汝"的称赞和信赖。

词的下阕，在描绘送别的场景后，诗人一改上阕难分难舍的儿女情怀，以"凭割断愁丝恨缕。要似昆仑崩绝壁，又恰像台风扫寰宇。重比翼，和云翥"几句如狂飙突落的豪情之作表达了对革命胜利后夫妻再次欢聚的美好愿望和坚定信念。

《贺新郎·别友》一扫之前《虞美人·枕上》的凄凉柔美，虽有夫妻分别的惆怅与悲戚，但更多的是要"割断愁丝恨缕"去澄清寰宇、开创一个清平世界的豪情壮志，是毛泽东诗词"偏于豪放，不废婉约"的代表之作。因此，诗人摘用"挥手从兹去"并无颓废之意，而是要果断斩断情丝，为中国的革命事业而奔走。这与李白政治失意后宦游落拓相比，其境界不知高上几多。陈晋评说这首词是"健笔写柔情，婉约透豪放；没有脂粉气，却是情意长"，可谓精妙之论。

这里，顺带说些与此词无关的事。毛泽东走后，杨开慧在精心照顾老小的同时，还领导着以板仓为中心的地下斗争。1930年，湖南军阀何键把杨开慧抓了起来，逼她与毛泽东断绝关系。这位外表柔弱但内心却无比坚强的女子拒绝了这条唯一可以给她带来生路的选择，毅然走向了刑场。牺牲前，她只是很从容地说了一句话："死不足惜，但愿润之革命早日成功！"听到杨开慧牺牲的消息时，毛泽东泪流满面，也说了一句话："开慧之死，百身莫赎。"

1923年12月底的这次离别，成了这对夫妻的诀别。

嘤其鸣矣，求其友声

我们中国人民，是处在历史上灾难最深重的时候，是需要人们援助最迫切的时候。《诗经》上说的："嘤其鸣矣，求其友声。"我们正是处在这种时候。

——《斯大林是中国人民的朋友》（一九三九年十二月二十日）（《毛泽东选集》第二卷，人民出版社1991年6月第二版，第657页）

原典

"嘤其鸣矣，求其友声"摘自西周·《诗经·小雅·伐木》：

伐木丁丁，鸟鸣嘤嘤。出自幽谷，迁于乔木。嘤其鸣矣，求其友声。相彼鸟矣，犹求友声；矧伊人矣，不求友生？神之听之，终和且平。

伐木许许，酾酒有藇。既有肥羜，以速诸父。宁适不来，微我弗顾。於粲洒扫，陈馈八簋。既有肥牡，以速诸舅。宁适不来，微我有咎。

伐木于阪，酾酒有衍。笾豆有践，兄弟无远。民之失德，乾餱以愆。有酒湑我，无酒酤我。坎坎鼓我，蹲蹲舞我。迨我暇矣，饮此湑矣。

注解

这是一首宴请亲友，颂扬亲情、友情的乐歌。诗歌的第一段以鸟的相求起兴，揭示了诗歌的主旨。第二段写诗人准备酒肴，洒扫庭堂，等待亲朋好友们的到来。第三段写相聚之人醉饱歌舞之乐，流露出期待下次再相会的心声。

"嘤其鸣矣，求其友声"意指迁于高树的飞鸟，尚能呼求其朋友的声音，不忘在深谷中的同类。诗人以鸟比兴，意谓：人即使升迁高位，也不应该忘记旧友。后用此句比喻寻求志同道合的朋友。

赏读

"嘤其鸣矣，求其友声"是毛泽东经常引用的一句古诗词。

1915年9月，立志要为天下奇、做一个奇男子的毛泽东在湖南一师读书时，根据自己名字的繁体笔画数，用"二十八画生"的署名，在长沙一些学校贴了好几百字的征友启事。启事的结尾"愿嘤鸣以求友，敢步将伯之呼"即是由此句化用而来。后来，果然引来了三个愿意和他交朋友的年轻人。

1936年夏，毛泽东给时任国民党第八十四师师长高桂滋写信，就抗日大计和国共双方事宜进行商榷。信的结尾，毛泽东摘用"嘤其鸣矣，求其友声"表达了渴望与国民党结为朋友，共同抗击日本侵略的诚意。同年8月16日，出于同样的目的，毛泽东又致信时任国民党政府全国经济委员会主席、国民党英美代表宋子文，信中写到的"寇深祸亟，情切嘤鸣，风雨同舟，愿闻明教"，很明显也是从"嘤其鸣矣，求其友声"中化用而来。

1939年12月21日，是苏联领袖斯大林60岁寿辰。前一日，毛泽东写下了这篇题为《斯大林是中国人民的朋友》的贺词，向斯大林表示祝贺。

中国共产党自成立以来，一直得到共产国际的指导和帮助。特别是抗日战争全面爆发后,在中华民族处境最为危难之时,以斯大林为领袖的苏联人民,在军事、经济上给予中国大力的支持。为斯大林庆祝寿辰,是以毛泽东为代表的中国共产党人的由衷之情。

在贺词中,毛泽东直陈中国目前所处的危难困境,发出了"嘤其鸣矣,求其友声"的呼唤之声。然而,危难时刻,谁才是我们可以信赖的真正的朋友呢?毛泽东认为,只有苏联才是中国人民的真正朋友。为什么呢?因为:"没有一个国家把它在中国的特权废除过,只有苏联是废除了。""第一次大革命时期,一切帝国主义者都反对我们,只有苏联援助了我们。""抗日战争以来,没有一个帝国主义国家的政府真正援助我们,只有苏联是用了空军和物资援助了我们。"贺词的最后,毛泽东再次表达了中国人民对斯大林由衷的热爱之情,"斯大林是中国人民解放事业的忠实的朋友。中国人民对于斯大林的敬爱,对于苏联的友谊,是完全出于诚意的",有力地回驳了帝国主义国家别有用心的挑拨和诬蔑。

悲莫悲兮生别离，
乐莫乐兮新相知

大约两千多年前，中国的一个诗人屈原曾有两句诗："悲莫悲兮生别离，乐莫乐兮新相知。"

——《同印度总理尼赫鲁的四次谈话》（一九五四年十月）（《毛泽东文集》第六卷，人民出版社1999年6月第一版，第370页）

原典

"悲莫悲兮生别离，乐莫乐兮新相知"摘自战国·屈原《九歌·少司命》：

秋兰兮麋芜，罗生兮堂下。绿叶兮素枝，芳菲菲兮袭予。夫人自有兮美子，荪何以兮愁苦！

秋兰兮青青，绿叶兮紫茎。满堂兮美人，忽独与余兮目成。

入不言兮出不辞，乘回风兮载云旗。悲莫悲兮生别离，乐莫乐兮新相知。

荷衣兮蕙带，儵而来兮忽而逝。夕宿兮帝郊，君谁须兮云之际？

与女沐兮咸池，晞女发兮阳之阿。望美人兮未来，临风怳兮浩歌。

孔盖兮翠旍，登九天兮抚彗星。竦长剑兮拥幼艾，荪独宜兮为民正。

注解

屈原（公元前340—前278），名平，字原，战国楚人，曾任左徒、三闾大夫等职，倡议变法图强。楚顷襄王时被放逐。公元前278年，秦军攻破楚国郢都，屈原投身汨罗江。屈原是中国历史上第一位伟大的爱国诗人，中国浪漫主义文学的奠基人，主要作品有《离骚》《九歌》《九章》《天问》等。

少司命是掌管人间子嗣及儿童命运的女神，是一个温柔、善良、美丽、勇敢的典型形象。全诗首六句尾四句相呼应，包举全篇，从正面赞扬少司命，是诗的主题。中间部分是这首歌的插曲，描写的是人神之恋，从侧面烘托少司命的温柔多情。"悲莫悲兮生别离，乐莫乐兮新相知"意思是：悲中之悲，莫过于生时别离；乐中之乐，莫过于新交知己。

这句诗因其以言简意赅之策道尽了人们相思离别之苦，相识相聚之乐，脍炙人口，常为后人所引用。

赏读

近代以来，中印两国都有着遭受列强侵略的经历，这就使得双方都彼此关注并支持着对方的民族解放事业。在这个过程中，两国结下了深厚的友谊。1950年4月1日，两国建交。

1954年10月19日，印度总理尼赫鲁第一次来到中国，开始了在北京为期一周的国事访问。毛泽东以超规格的礼仪接待了他，并在中南海勤政殿与其进行了三次深入交谈。10月26日，在尼赫鲁离京的前夕，他和女儿及随行官员再次来到勤政殿，向毛泽东等人告别。

勤政殿，是毛泽东和尼赫鲁相识的地方。他们在这里进行过友好而真诚的交谈，结下了深厚的情谊。如今，他们又要在这个地方分别。尼赫鲁深情地对毛泽东说："在这里我结识了许多朋友，也得到了很深的友情。虽然要走了，但是可以说，已经把自己的一部分留在中国了。"国学功底深厚的毛泽东此时摘用了"悲莫悲兮生别离，乐莫乐兮新相知"的诗句赠予尼赫鲁，意在劝说尼赫鲁，离别固然伤感，但结交了新的知己，不也是一件乐事吗？

明白了毛泽东用意的尼赫鲁非常欣赏这句诗句，说道："主席刚才引用的两句诗，不仅适用于个人，而且也适用于国与国之间。第二句特别适用。"毛泽东则表示，中国同印度是可以成为真正的朋友的，是不需要互相防备着的，在分歧之处可以按照和平共处五项原则来解决。毛泽东这番真诚而朴实的话语彻底感染了尼赫鲁，使他对中国人民的友好有了更深层次的了解。直到他上飞机的前一刻，还热情洋溢地说道："我现在就要离开了，我满怀着良好的记忆和我对于你们的谢意而离开这里。我将牢记不忘这一切。我相信这不是一件个人的事情，而是两个伟大的国家更加亲近。"

尼赫鲁此次访华，是非社会主义国家政府首脑第一次来华访问。中、印两国消除了一些不信任，使得两国关系在之后一段时间内发展得较为顺利，同时也促进了一些国家积极来华磋商国是。毛泽东诗赠尼赫鲁虽然只是访问中的一个小插曲，却在邦交史上留下了一段佳话。

秋风万里芙蓉国，
暮雨千家薜荔村

  惠书收到，迟复为歉。很赞成你的意见。你努力奋斗吧。我甚好，无病，堪以告慰。"秋风万里芙蓉国，暮雨朝云薜荔村"。"西南云气来横岳，日夜江声下洞庭。"同志，你处在这样的环境中，岂不妙哉？

  ——《给周士钊的信》（一九六一年十二月二十六日）（《建国以来毛泽东文稿》第九册，中央文献出版社 1996 年 1 月第一版，第 613 页）

原典

  "秋风万里芙蓉国，暮雨千家薜荔村"摘自五代·谭用之《秋宿湘江遇雨》：

江上阴云锁梦魂，江边深夜舞刘琨。
秋风万里芙蓉国，暮雨千家薜荔村。
乡思不堪悲橘柚，旅游谁肯重王孙。
渔人相见不相问，长笛一声归岛门。

注解

　　谭用之，生卒年不详，五代宋初人，仕途不达。诗擅七律，工于即景抒情，风格清新流畅。《全唐诗》存其诗一卷，共37首，均为七律。这首《秋宿湘江遇雨》是诗人仕途失意流落湖南时而做。他借湘江秋雨之苍茫万象来抒发心中慷慨悲昂之气，引经据典，意境雄浑。

　　首联起笔即交代了泊船湘江的特定处境，然后借刘琨的典故抒写其雄心壮志。刘琨，西晋将领，字越石。少与祖逖相交，素有大志。《晋书·祖逖传》载有他和祖逖共被同寝，夜半闻鸡起舞的史事。

　　颔联两句正面写湘江秋雨。芙蓉国，指湖南地区。湘江一带多生荷花，故湖南素有芙蓉国之称。薜荔，一种蔓生常绿灌木，缘墙而生，过去农村常种植以为篱笆，故有"千家薜荔村"之说。

　　颈联抒情。橘柚，南方一种果树，湖南盛产。历来有"逾淮北而为枳"之说，故《淮南子》说："橘柚有乡"。诗人看见湘江两岸的硕果累累的橘柚，感慨其生当其所，联想到自己漂泊在外，故有思乡悲叹之感。王孙，汉淮南小山作《楚辞·招隐士》："王孙游兮不归，春草生兮萋萋。"后以王孙称游子，这里是作者自谓。诗人这里是说自己宦游他乡，虽怀报国之心，却无报国之路，没有伯乐发现自己。

　　尾联以景结情，意在言外。湘江沿岸，正是屈原足迹所到之处。《楚辞·渔父》："屈原既放，游于江潭，行吟泽畔，颜色憔悴，形容枯槁。渔夫见而问之曰：'子非三闾大夫欤？何故至于斯？'屈原曰：'举世皆浊我独清，众人皆醉我独醒，是以见放。'"诗人这里一方面是说自己与屈原命运相同，另一方面是说屈原落魄时尚有渔夫与之对话，而自己遇到的情况却是"渔夫相见不相问"，与屈原相比，自己的命运似乎更为悲惨。岛门，岛上渔夫进出的门户。

赏读

毛泽东与周士钊既有同乡之情，又有同学之谊，两人在湖南第一师范学习期间便结为至交。毕业后两个人还常有书信往来。

从毛泽东这封回信的内容上看，周士钊在不久前应该给毛泽东写过一封信。毛泽东工作繁忙，未能及时回信。或许是为了表达对老朋友的歉意，毛泽东特意在自己68周岁生日的这天回了信。至于信中毛泽东究竟和周士钊探讨什么问题我们已经不得而知，但那句摘用五代谭用之赞美湖南家乡的诗句"秋风万里芙蓉国，暮雨千家（毛泽东在信中将"千家"写成"朝云"）薜荔村"和长沙岳麓山云麓宫望湘亭上的对联"西南云气来横岳，日夜江声下洞庭"却让人脑海中浮现出湖南美丽的三湘四水。

"西南云气来衡岳，日夜江声下洞庭"出自清代黄道让《七律·重登岳麓》："万壑风来雨乍晴，登高一望最怔忪。西南云气开衡岳，日夜江声下洞庭。我发实从近年白，此山犹似旧时青。读书老友今何在，古木秋声爱晚亭。"黄道让，生卒年不详，字歧农，湖南临澧人，清咸丰十年（1860）进士。能诗，尤长于对联。他的这首《重登岳麓》语言通俗易懂，表达了对故乡的深恋之情。其中，以"西南云气开衡岳，日夜江声下洞庭"艺术成就最高。在创作岳麓高峰的云麓宫的对联时，他把"开"字改成"来"字。再由晚清杰出书法家何绍基手书，悬挂于云麓宫柱上，成为描绘湖南壮美山河的代表之作。

湖南，是毛泽东出生和成长的地方；湖南，也是毛泽东革命征程的起点。这里的一山一水，这里的父老乡亲，都是毛泽东这个游子心中挥之不去的印迹。新中国成立后，毛泽东便想回自1927年离开就再也没有回去的湖南老家看看。然而，中华人民共和国成立之初，百废待兴，繁忙的政事让他无暇顾及此事，只得让儿子毛岸英代劳，并嘱咐他千万不要在乡亲们面前显威风，要在20里外的银田寺下马，步行回韶山。从中华人民共和国成立后到逝世前，毛泽东只在1959年和1966年回过故乡两次。每一次回去，他都要住上

毛泽东手书谭用之《秋宿湘江遇雨》

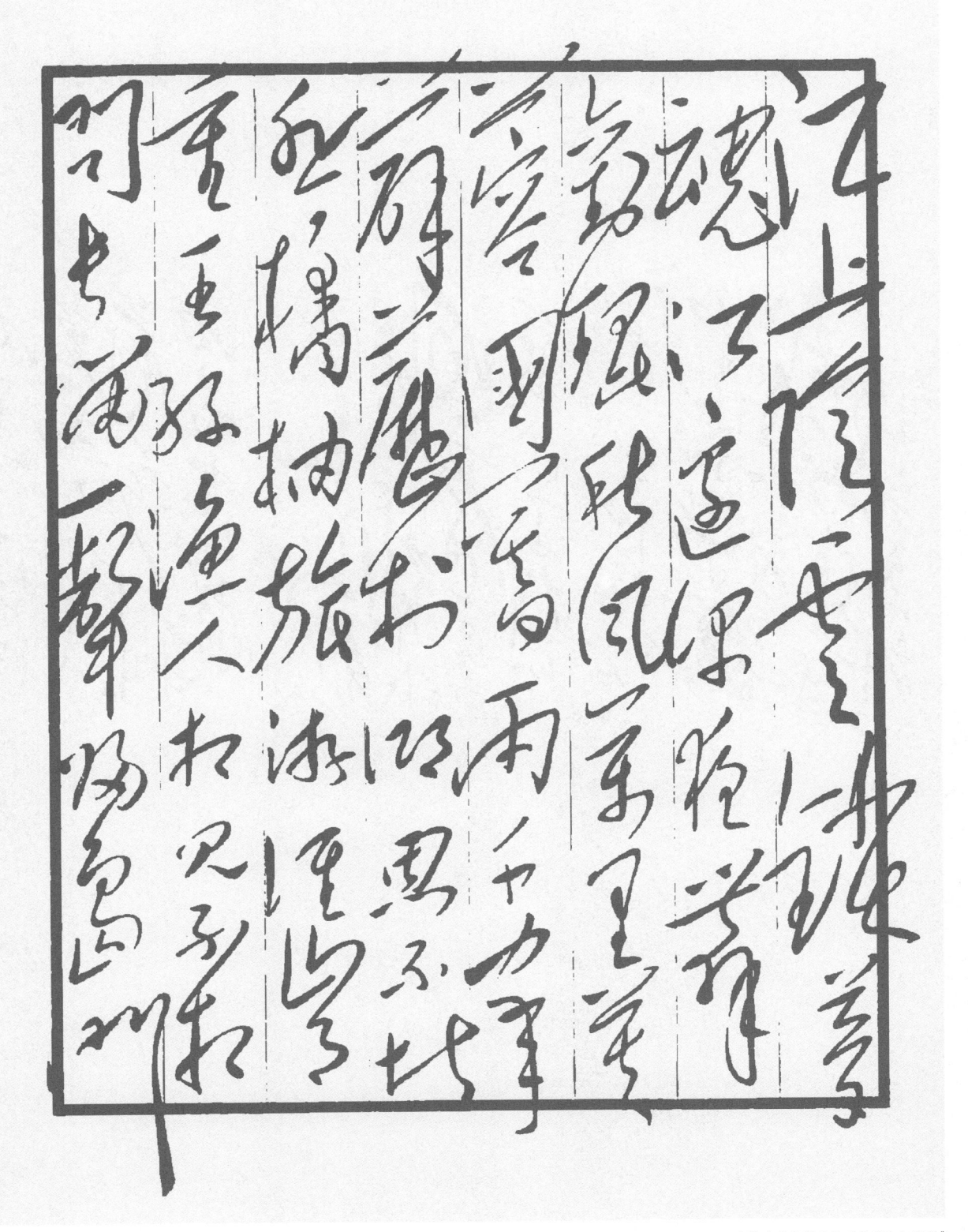

毛泽东致周世钊信

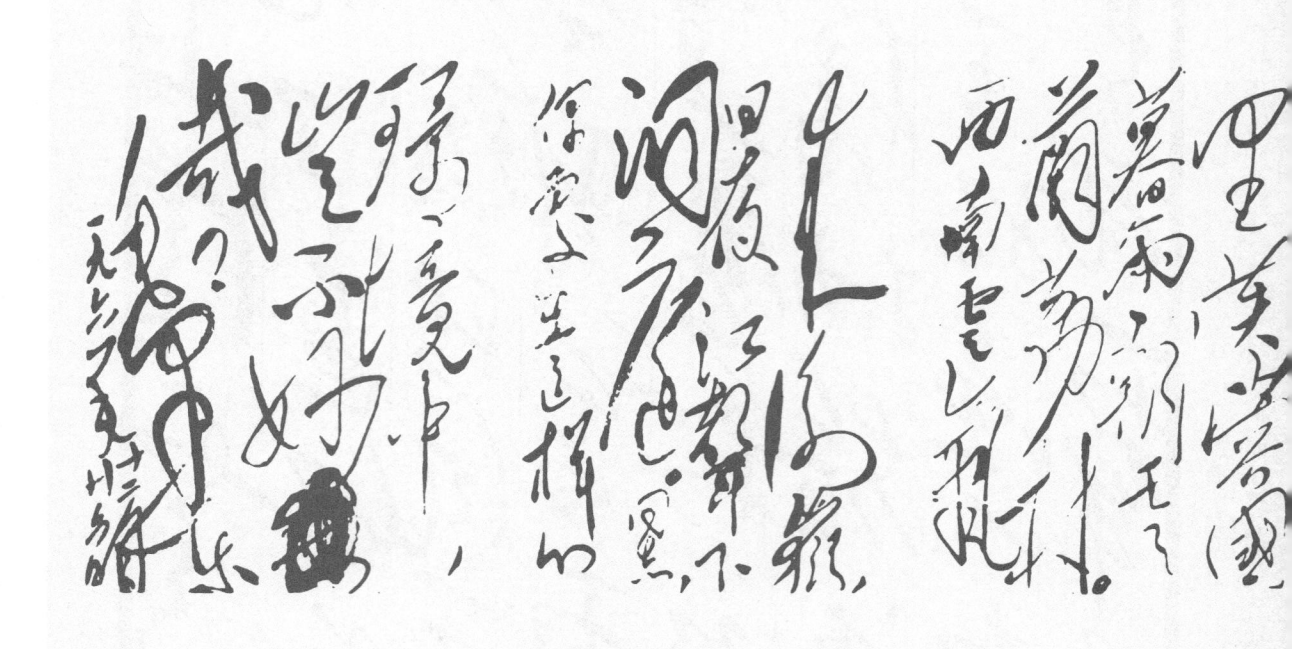

周世钊同志：

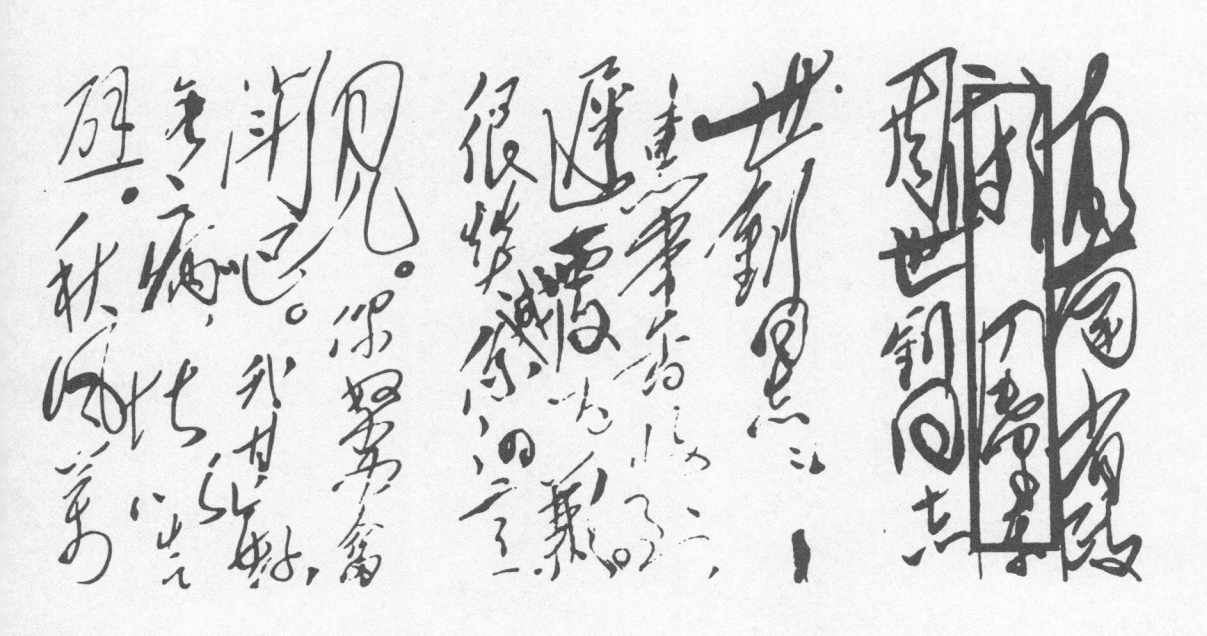

八月四日来信早已收到。一讀再讀，蘊藉情深，讀之令人感動。兄事尚好否？多病之躯，望多休息。敬颂

秋风万里

一段时间；每一次回去，他都要去看看那永远存在于自己生命中的一风一景；每一次回去，他都是带着恋恋不舍的情结离开。毛泽东对故乡和乡亲们的感情，可见一斑。

投我以木桃，报之以琼瑶

大作收到，义正词严，敬服之至。古人云：投我以木桃，报之以琼瑶。今奉上桃杏各五斤，哂纳为盼！投报相反，尚乞谅解。

——《致章士钊》（一九六五年六月二十六日）（《毛泽东书信选集》，中央文献出版社 2003 年 11 月第一版，第 516 页）

原典

"投我以木桃，报之以琼瑶"摘自西周·《诗经·卫风·木瓜》：

投我以木瓜，报之以琼琚。匪报也，永以为好也。
投我以木桃，报之以琼瑶。匪报也，永以为好也。
投我以木李，报之以琼玖。匪报也，永以为好也。

注解

这是一首写人们互赠礼物表达情意的诗。你赠给我果子，我回赠你美玉，很显然，回报的东西要比受赠的东西价值大得多。这是人类的高尚情感的一

毛泽东致章士钊信

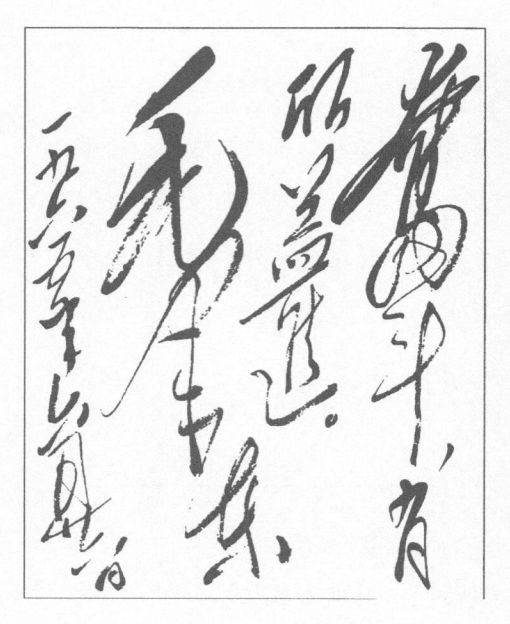

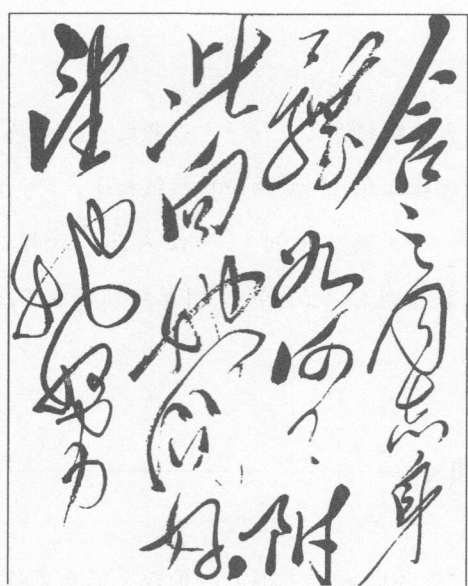

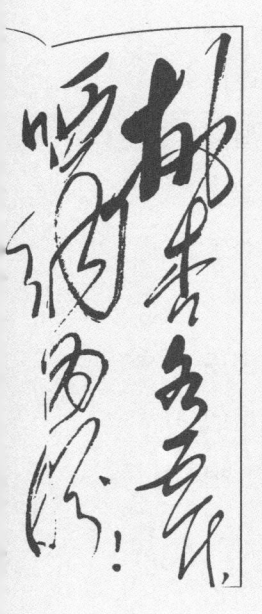

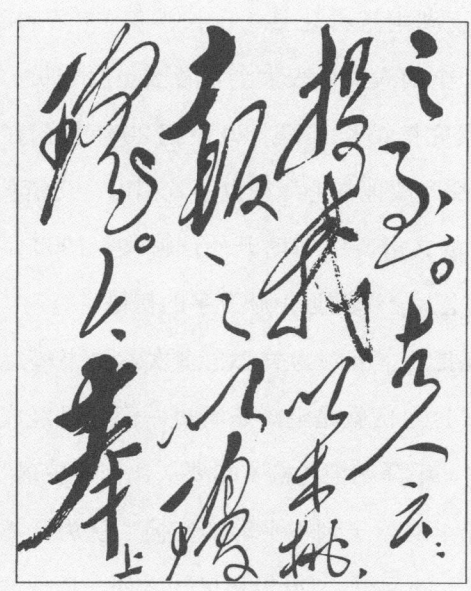

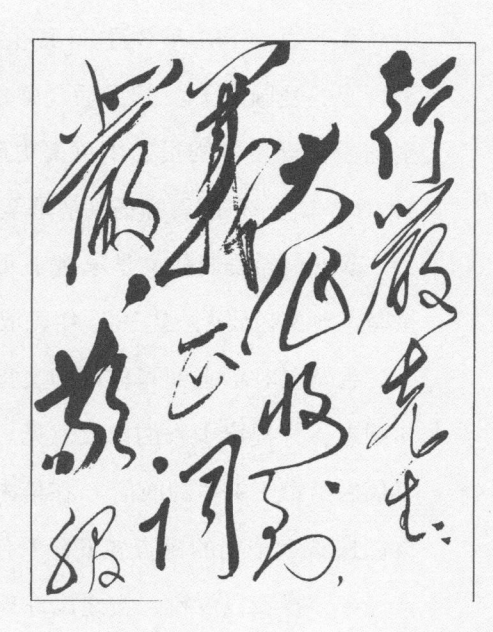

行严先生：大作收到，义正词严，感激之至。迭承惠及大著，甚为感谢。兹送上薄酬，尚希收纳。即颂大安！

毛泽东

种体现，这种情感是人们精神上的契合、心灵上的共鸣，而不是一种等价交换。所以说"匪报也"。

赏读

　　章士钊，1881年3月20日生于湖南省善化县（今长沙市），著名学者、教育家、爱国人士。建国后，曾任全国人民代表大会常务委员会委员、政协全国委员会常务委员、中央文史研究馆馆长等职。20世纪20年代初在湖南时，因与毛泽东的恩师杨昌济是至交，故他与毛泽东也早就相识，交情甚笃。

　　章士钊酷爱唐代文学家柳宗元的文章，13岁时开始读柳文。1960年着手撰写《柳文指要》，至1965年完成上、下部共近100万字的初稿。

　　毛泽东对章士钊写作《柳文指要》一事颇为关心，多次索要书稿逐字逐句阅看，并提出中肯的修改意见。这封信就是毛泽东看过一部分已经成型的书稿后给章士钊写的回信。在信中，毛泽东把《柳文指要》比作"琼瑶"，把自己送给章士钊的桃杏各五斤看作是对章士钊不平等的交换，认为此举是对诗经中"投我以木桃，报之以琼瑶"的反解，"投报相反"之处，请他"尚乞谅解"。

　　实际上，毛泽东对《柳文指要》的关注绝不是"投报相反"。就在这封信发出后不到一个月的时间里，在读完书稿的下部后，7月18日，毛泽东又给章士钊写了封信："各信及指要下部，都已收到，已经读过一遍，还想读一遍。上部也还想再读一遍。另有友人也想读。大问题是唯物史观问题，即主要是阶级斗争问题。但此事不能求之于世界观已经固定之老先生们，故不必改动。嗣后历史学者可能批评你这一点，请你要有精神准备、不怕人家批评。又高先生评郭文已读过，他的论点是地下不可能发掘出真、行、草墓石。草书不会书碑，可以断言。至于真、行是否曾经书碑，尚待地下发掘证实。但争论是应该有的，我当劝说郭老、康生、伯达诸同志赞成高二适一文公诸于世。柳文上部，盼即寄来。"

毛泽东的这封信，提出了他对《柳文指要》书稿的修改意见，给章士钊很大的启迪。同时，《柳文指要》的出版也得到了毛泽东的大力支持。当时恰逢"文化大革命"，那时出书，除了《毛泽东选集》《毛泽东语录》和江青、张春桥、姚文元等人的"著作"之外，都要经过"特批"，方能出版。康生等人在书籍出版这一问题上设置了重重障碍。正是由于毛泽东的关心和他与章士钊之间的特殊私人感情，《柳文指要》才得以在1971年9月由中华书局出版，了却了章士钊一桩多年的心愿。1972年美国总统尼克松访华时，周恩来还特意送他一部《柳文指要》作为纪念，并特意解释说，这本书是在毛泽东主席的关怀下才得以公开出版的。

哲思篇

天不变，道亦不变

在中国，则有所谓"天不变，道亦不变"的形而上学的思想，曾经长期地为腐朽了的封建统治阶级所拥护。

——《矛盾论》（一九三七年八月）（《毛泽东选集》第一卷，人民出版社1991年6月第二版，第301页）

原典

"天不变，道亦不变"摘自东汉·班固《汉书·董仲舒传》：

夏因于虞，而独不言所损益者，其道如一而所上同也。道之大原出于天，天不变，道亦不变，是以禹继舜，舜继尧，三圣相受而守一道，亡救弊之政也，故不言其所损益也。

注解

《汉书》，又称《前汉书》，是我国第一部纪传体断代史，与《史记》《后汉书》《三国志》并称"前四史"。书中记述了上起汉高祖元年（前206），下至新朝的王莽地皇四年（23）共230年的史事。全书含纪十二篇，表八篇，志十篇，传七十篇，共一百篇，计八十万字，由东汉史学家班固耗时20余年编撰而成。班固（32—92），字孟坚，扶风安陵（今陕西咸阳东北）人，其父是著名史学家班彪。

董仲舒（前179—前104），西汉著名思想家、政治家、教育家、唯心主义哲学家。汉代广川郡（今河北省衡水市景县广川镇）人。汉武帝即位以后，广揽人才，下令各地推举贤良才学之士到朝廷参加对策。董仲舒也在被举荐之列。他曾先后回答了汉武帝的三次策问。这三次对策内容，就是著名的《举贤良对策》，记载在《汉书·董仲舒传》中。

上述引文是董仲舒第三次对策的一部分内容，大意是：夏朝沿袭虞舜，可是独不说所废止和增加的，是因为它的道完全一样，所推尚的也都是忠啊。道的根本出自天，天不变，道也自然不变。所以，禹继承了舜的道，舜继承了尧的道，三位圣人相守不变是因为没有必要采取纠正弊病的措施，所以也不说他们所废除和增加的啊。"天"，指自然界的最高主宰。"道"，即规则、准则、根本原理，在封建社会中其精义是三纲五常。董仲舒认为，统治者是由天决定的，天既然是永恒不变的，那么，因受天意建立的统治之"道"，自然也是永恒不变的。"天不变，道亦不变"是代表董仲舒唯心主义哲学观的代表性言论。

赏读

《矛盾论》写于1937年8月，是毛泽东哲学著作中的代表作之一。全文以对立统一规律为主线，贯穿始终，又将马克思主义基本原理同中国实际相结合，以通俗易懂的语言建立了一个关于矛盾学说的逻辑体系。

文章的主要内容包括：一、系统总结人类的认识史，提出"发展是减少和增加，是重复"和"发展是对立的统一"两种对立的宇宙观，并对前一种观点进行批判；二、提出矛盾的普遍性和特殊性问题，普遍性存在于一切事物的发展过程中，特殊性表现在物质运动过程中都有自身的特性；三、主要矛盾的存在和发展影响着其他矛盾、主要矛盾决定着事物发展方向；四、矛盾的主要方面和次要方面可以相互转化。

毛泽东摘用"天不变，道亦不变"是在论述第一部分内容时。

在这部分中，毛泽东首先提出了历史上两种对立的宇宙观——"形而上学"和"唯物辩证法"。

接着，他对形而上学的宇宙观进行了阐释："所谓形而上学的或庸俗进化论的宇宙观，就是用孤立的、静止的和片面的观点去看世界。这种宇宙观把世界一切事物，一切事物的形态和种类，都看成是永远彼此孤立和永远不变化的。如果说有变化，也只是数量的增减和场所的变更。而这种增减和变更的原因，不在事物的内部而在事物的外部，即是由于外力的推动。"

毛泽东认为，这种宇宙观属于唯心论，不但欧洲有之，在中国也有着"悠久"的历史，曾长期统治着人们的思想。为此，毛泽东特别指出自汉代以来就非常流行的"天不变，道亦不变"，就是形而上学的思想，在很长一段时间禁锢了人们的思想，是为腐朽封建统治阶级维护其利益的唯心主义学说。而后，毛泽东笔锋一转，开始论述唯物辩证法的宇宙观的科学性和合理性。通过对比，使人们更加清晰地认识到了两种宇宙观孰优孰劣，为下面的论述作了铺垫。

向使当初身便死，
一生真伪复谁知

从前有一首诗说："周公恐惧流言日，王莽谦恭下士时。倘使当年身便死，一生真伪有谁知？"这在我们的历史学家那里叫做"盖棺论定"，就是说，人到死的时候，才能断定他是好是坏。假使周公在那个谣言流传的时候就死了，人家一定会加他一个"奸臣"的头衔；又若王莽在那个谦让卑恭的时候死了，那后世人一定会赞扬他的。不过我们现在不是讲历史，那两个人究竟孰好孰坏，我们不论，然而它说明了人只有到死，才可以论定他的功罪是非。

——《永久奋斗》（一九三九年五月三十日）（《毛泽东文集》第二卷，人民出版社1993年12月第一版，第191页）

原典

"向使当初身便死，一生真伪复谁知"摘自唐·白居易《放言五首》（其三）：

赠君一法决狐疑，不用钻龟与祝蓍。
试玉要烧三日满，辨材须待七年期。
周公恐惧流言日，王莽谦恭未篡时。
向使当初身便死，一生真伪复谁知？

注解

　　白居易（772—846），字乐天，号香山居士，晚唐著名诗人。祖籍太原（今属山西），后迁居下邽（今陕西渭南）。他一生诗作颇丰，题材广泛，或感慨时世，或讽喻朝政，或怜悯百姓，在中国文学史上占有崇高的地位，与元稹齐名，世称"元白"。著有《白氏长庆集》七十一卷。

　　唐宪宗元和五年（810），白居易的好友元稹因得罪权贵，被贬为江陵士曹参军。五年后，白居易也因同样的缘由被贬为江州司马。元稹得知此事后，写了充满挚情的诗篇《闻乐天授江州司马》慰藉好友。白居易深为感动，遂作《放言五首》以奉和。毛泽东这里引用的是这首组诗中的第三首，个别字与原诗不同。

　　周公，姓姬，名旦，周武王之弟，成王之叔。武王崩，成王年幼，周公代为摄政。当时心怀叵测之人便造谣"周公将不利于成王"，成王随即疏远了他。周公不惧流言，仍全心全意辅助周王室，留下了"周公吐哺，天下归心"的美誉，历史最终证实了他的清白。王莽，字巨君，汉元帝皇后之侄。汉末，篡位自立，改汉为"新"。王莽篡位前假装谦恭下士，迷惑了不少人。《汉书·王莽传》称其"爵位愈尊，节操愈谦"，但后来的历史证明他谦恭是假，自立为帝才是其最终目的。

　　《放言五首》（其三）是一篇充满哲学理趣的好诗，白居易以通俗而不失文采、平白而不乏体味的语言揭示了一个道理：对人、对事要想得到正确的认识，必须经过时间长久的考验，否则，很容易把周公当作篡政者，把王莽当成谦恭的君子。诗人同友人一起自勉：尽管现在我们都遭受诬陷，但只要经得住时间的考验，待到"试玉""辨材"之日满，真伪、忠奸自会明了。

赏读

　　抗日战争爆发后，许多爱国青年历经千辛万苦，从全国各地奔赴延安，参加共产党领导的全民族抗战事业。这些青年绝大部分是好的，但其中也有一部分知识分子瞧不起劳苦大众，工作中拈轻怕重，讲待遇、要荣誉。为了清除这些人身上的小资产阶级思想，除加强思想教育外，党中央还采取了劳动技能比赛、评选先进青年模范等方法。

1939年5月30日，延安召开模范青年庆祝大会。这批模范青年，是在纪念五四运动二十周年时选举出来的。一贯重视青年工作的毛泽东在百忙之中参加了大会，并作了一场题为《永久奋斗》的报告。

在维护民族独立的斗争中，一些青年同志表现出了强烈的爱国主义精神，他们在反对卖国政府、在五四运动斗争中的英勇表现得到了毛泽东的肯定。但问题的关键在于，只有部分青年在后来的斗争中坚持下来并逐渐成长为坚定的马克思主义者，很多同志都成了逃跑队中的"骨干"。比如，张国焘、康白情、罗家伦等。

张国焘，中共一大代表，曾担任过中国工农红军主要领导职务，1938年投入国民党特务集团，成为革命的叛徒，随即被开除出党。康白情，青年时即参加少年中国学会，五四运动前夕和邓中夏等发起成立平民教育讲演团，后在各杂牌军阀部队中担任参军、参议等职，干起了压迫人民的勾当。罗家伦，新文化运动和五四运动的积极践行者，后转而沦为蒋介石镇压共产党的帮凶。

张国焘、康白情、罗家伦，他们曾经都很英勇，但是都有一个缺点：没有"永久奋斗"的精神。如果不用"永久奋斗"的标准来分析这些人，很容易被他们早期的假象所迷惑。

鉴于此，毛泽东提出，模范青年的标准除了要具备智育、德育、体育、美育、群育之外，最重要的就是要有"永久奋斗"这一条。这里，他摘用"周公恐惧流言日，王莽谦恭下士时。倘使当年身便死，一生真伪复谁知"，向青年模范们说明了一个道理：只有永久地为抗战事业奋斗、为解放全中国劳苦大众奋斗才能真正被称为模范青年。那种一时优秀、不能坚持永久奋斗的青年，经不起时间的考验，更得不到历史公允的评价。

流水不腐，户枢不蝼

房子是应该经常打扫的，不打扫就会积满了灰尘；脸是应该经常洗的，不洗也就会灰尘满面。我们同志的思想，我们党的工作，也会沾染灰尘的，也应该打扫和洗涤。"流水不腐，户枢不蠹"，是说它们在不停的运动中抵抗了微生物或其他生物的侵蚀。

——《论联合政府》（一九四五年四月二十四日）（《毛泽东选集》第三卷，人民出版社1991年6月第二版，第1096页）

原典

"流水不腐，户枢不蝼"摘自战国·吕不韦《吕氏春秋·尽数》：

流水不腐，户枢不蝼，动也。形气亦然。形不动则精不流，精不流则气郁。

注解

《吕氏春秋》又名《吕览》，是秦国宰相吕不韦召集其门下儒士辑合百家九流之说编写而成的，成书于秦始皇统一中国前夕。吕不韦编撰此书的目的是集百家之长，总结历史教训，为秦国治理天下提供治国策略。全书以道家思想为主干，融儒、墨、法、兵、农、纵横、阴阳家等各家思想精华，分八览、六论、十二纪，共26卷，160篇，20万字，是我们今天研究先秦诸子百家思想的宝贵资料。

吕不韦，生年不详，战国末期卫国濮阳（今属河南）人。经商期间，他遇到了在赵国做人质的秦国公子异人，并设计助异人逃离赵国，使其顺利登上秦国国君之位，即秦庄襄王。吕不韦也凭此功当上了秦国宰相。秦庄襄王去世后，年仅13岁的嬴政（即后来的秦始皇）即位，吕不韦以相国之身理政，称"仲父"。他主政期间，对内发展经济、富足百姓；对外致力于对六国的兼并统一，为嬴政统一中国奠定了坚实的基础。嬴政亲政后，与吕不韦政见不合，加之顾虑吕不韦位高权重，遂免去其相位，命其迁居巴蜀。吕不韦心灰意冷，忧惧之下，于秦始皇十二年（前235）饮鸩而亡。

"流水不腐，户枢不蝼"出自该书"尽数"篇。"尽数"就是终其寿命、终养天年的意思。所以，本篇乃是论述养生之道。唐代马总在编著《意林》（卷二）时，将"蝼"引作"蠹"，加之两字意思相同，故后也作"流水不腐，户枢不蠹"。该句表达了朴素的运动思想，后常用以说明不断运动可以保持不衰、永获新生。

赏读

1945年4月24日，即中国共产党第七次全国代表大会召开的第二天，毛泽东向大会提交了《论联合政府》的书面政治报告。

这篇长达四万余字的报告共分为五个部分：第一部分，提出中国人民的基本要求——"走团结和民主的路线，打败侵略者，建设新中国"；第二部分，具体分析国际形势和国内形势——世界反法西斯战争节节胜利，中国的抗日形势也即将取得胜利；第三部分，指出中国抗日战争中存在的两条路线——国民党长期以来的消极抗战和共产党实行的人民抗战路线；第四部分，阐述中国共产党在今后所应采取的政策——解决好一般纲领和具体纲领的问题；第五部分，号召全党团结起来，为实现党的任务而斗争。

毛泽东摘用"流水不腐，户枢不蠹"是在报告的最后一部分。这里，毛泽东向全党提出了一个严肃的问题："我们应该用怎样的工作态度去执行这些政策和完成这些任务呢？"毛泽东指出，最重要的就是，以马克思列宁主义的先进理论武装自己，始终贯彻理论联系实践、密切联系群众、自我批评的作风。

在谈到自我批评时，毛泽东还打了个比方：人的思想是和房子、脸面一样的，长久不打扫就会积满灰尘，所以应该经常打扫。只有这样，才能抵制细菌的侵蚀。他摘用"流水不腐，户枢不蠹"这句古语告诉广大党员干部一个朴素的道理：流动的水不会变质发臭，经常转动的门轴就不会遭蛀虫侵蚀。他要求广大党员要经常检讨工作中的问题，认真听取别人的意见，按照"知无不言，言无不尽""言者无罪，闻者足戒""有则改之，无则加勉"这些有益格言去办事。这是抵抗各种政治灰尘和政治微生物侵蚀我们同志的思想和我们党的肌体的唯一有效的方法。

其作始也简，
其将毕也必巨

  我经常和一些同志讲："其作始也简，其将毕也必巨"，这是古书《庄子》上讲的。"作始"就是开头的时候，"简"就是很少，是简略的，"将毕"就是快结束的时候，"巨"就是巨大、伟大。这可以用来说明是有生命力的东西，有生命力的国家，有生命力的人民群众，有生命力的政党。

  ——《在中国革命死难烈士追悼大会上的演说》（一九四五年六月十七日）
（《毛泽东文集》第三卷，人民出版社1996年8月第一版，第435页）

原典

  "其作始也简，其将毕也必巨"摘自战国·庄子《庄子·人间世》：

  （仲尼曰：）"且以巧斗力者，始乎阳，常卒乎阴，大至则多奇巧；以礼饮酒者，始乎治，常卒乎乱，大至则多奇乐。凡事亦然，始乎谅，常卒乎鄙；其作始也简，其将毕也必巨。"

注解

　　庄子名周，生卒年不详，宋国蒙（今河南商丘）人，战国时期哲学家，道家学派代表人物，与老子并称"老庄"。《庄子》是庄子及其后学所著道家学说汇总。汉代以后，尊庄子为南华真人，因此《庄子》亦称《南华经》，与《老子》《周易》合称"三玄"。

　　人间世，即"人世间"，人在世间的生活。本篇主旨在描述人际关系的纷争纠结，以及自处、处人之道。庄子生活的时代，正处于中国社会发生巨大变革的春秋时期。当时，中央王室政权衰落，各诸侯国竞相逐鹿中原。兼并、争斗、血腥成为这个时代的主题，百姓朝不保夕，生活在苦难之中。在这种形势下，儒家倡导的仁爱、墨家主张的兼爱非攻，都无法解决现实问题。于是，庄子开始由入世转向出世，进而从个人精神领域中寻找出路。在"人间世"篇中，庄子通过虚构"颜回见仲尼"等七个故事，论述了如何在险恶环境中保全自己。这些故事，本质上是庄子处世哲学思想的体现。

　　"其作始也简，其将毕也必巨"出自该篇第二则寓言。在这则寓言中，庄子假借孔子回答叶公子高（楚庄王玄孙尹成子，名诸梁，字子高。为楚大夫，封于叶，自僭为"公"，故有"叶公子高"之称）出使齐国将要遇到的困难问题一事，进一步阐述了君臣相处的艰难与困境，提出了臣子为君主办事可能出现的"人道之患"和"阴阳之患"。为打消这位外交使节的顾虑，孔子作出了（实际是庄子借孔子之口）万事万物"其作始也简，其将毕也必巨"的规律性总结，劝说他们一切要顺从自然，不可肆意妄为。

赏读

　　毛泽东说过："要奋斗就会有牺牲。"在带领中国人民实现民族独立和伟大复兴的道路上，一批批共产党人前赴后继，不惜献出宝贵的生命。为死难烈士召开追悼会，追忆他们的功绩，一直是我党非常重视的一项工作。

1945年6月17日，参加中共七大的代表和延安各界的代表联合在中央党校大礼堂举行了一场大规模的"中国革命死难烈士追悼大会"。追悼会由毛泽东主祭并献挽词"死难烈士万岁"，朱德、刘少奇、周恩来和民主人士邢肇棠陪祭。

公祭后，毛泽东发表了一场演说。在演说中，毛泽东回顾了中国人民反对帝国主义和封建主义的斗争历史，认为今天的公祭，不单单是追悼几十年来为着中国革命在各条战线上所牺牲的人，而应该一直追溯到1841年以来反对英国侵略的广东平英团的那些英雄。

毛泽东指出，中国人民在反对帝国主义和封建主义的斗争中，是不怕牺牲的。反动派妄想靠"杀人"这种办法消灭革命势力，是不可能的。毛泽东用共产党的发展历史对此进行了说明："想用杀人、压迫这一套来缩小我们，来消灭我们，那是不可能的。几十万的共产党人、成百万的革命民主主义者被屠杀了，但我们的队伍却有更多的几十万、几百万人起来继续战斗。拿中国共产党的三个时期来说吧，头一个时期发展到五万多党员，一巴掌被打散了，剩下的很少；第二个时期我们发展到三十万党员，又被打散了很多，剩下的也是很少；到抗日战争中我们就发展到一百二十多万党员。"

不但党员发展了，军队也产生和发展了。毛泽东接着说："一九二七年以后，国民党反动派压迫和屠杀人民，中国又产生了红军。"当然，中国共产党领导下的红军，一开始力量是十分弱小的，但经过二十多年的发展，革命的队伍越来越扩大。这里，毛泽东摘用"其作始也简，其将毕也必巨"一句，意在说明无论什么事情、什么事物，开始的时候都很简单、渺小，到后来就变得复杂、巨大了。中国共产党、中国红军的发展历程都是如此。所以，有一百二十多万党员作为坚强后盾，毛泽东向与会同志发出号召："我们今天开大会，我们是有信心的。烈士们是已经离开我们了，他们的责任交给了我们，我们要完成这个责任。"

天若有情天亦老

钟山风雨起苍黄，百万雄师过大江。

虎踞龙盘今胜昔，天翻地覆慨而慷。

宜将剩勇追穷寇，不可沽名学霸王。

天若有情天亦老，人间正道是沧桑。

——《七律·人民解放军占领南京》（一九四九年四月）（《毛泽东诗词集》，中央文献出版社1996年9月第一版，第64页）

原典

"天若有情天亦老"摘自唐·李贺《金铜仙人辞汉歌》：

魏明帝青龙元年八月，诏宫官牵车西取汉孝武捧露盘仙人，欲立置前殿。宫官既拆盘，仙人临载，乃潸然泪下。唐诸王孙李长吉遂作《金铜仙人辞汉歌》。

茂陵刘郎秋风客，夜闻马嘶晓无迹。

画栏桂树悬秋香，三十六宫土花碧。

魏官牵车指千里，东关酸风射眸子。

空将汉月出宫门，忆君清泪如铅水。

衰兰送客咸阳道，天若有情天亦老。

携盘独出月荒凉，渭城已远波声小。

注解

李贺（790—816），字长吉，福昌昌谷（今河南省宜阳县）人，又称"李昌谷"。唐皇族远支，家道早已败落。其父名晋肃，因避家讳（"晋"与"进士"的"进"谐音），而不得参加进士科考试。李贺少年时即以诗文名动京华，却抑郁而不得志，只做过奉礼郎一类的小官，年二十七就愤慨而逝。李贺的诗想象独特，构思奇巧，在充分继承屈原、李白的浪漫主义优良传统之外，又独创了乐府歌行体的写作风格，有"长吉体"之称，在我国古代诗歌史上占有重要位置。后人赞曰："昌谷诗，上继杜韩，下开玉溪，雄深俊伟，色有万变，其规意度，卓然为一大家，非唐之他人所能及。"（吴闿生《李长吉诗集跋》）。有《李长吉诗歌》四卷传世。

汉武帝晚年迷信神仙，于长安建章宫前造神明台，上铸一尊金铜仙人，手捧铜盘，承接露水。武帝以露和玉屑饮之求长生。魏明帝景初元年（237），金铜仙人被拆离汉宫，运往洛阳，后因"重不可致"，被留在灞城。这首《金铜仙人辞汉歌》是诗人于元和八年（813）因病辞去奉礼郎一职在由京赴洛的途中所作。此时，经历过安史之乱的唐王朝已不复昔日的强盛。宪宗虽号称"中兴之主"，但实际情况却是藩镇叛乱，外夷屡犯，民不聊生。诗人虽有满腔报国热情，却四处碰壁，壮志难酬，愤郁离去。

诗共十二句，大体可分成三个部分。

前四句慨叹年华易逝，人生苦短。茂陵，汉武帝陵墓，在今陕西省西安市西北40公里的兴平市城东北南位乡茂陵村。刘郎，指汉武帝刘彻。秋风客，言人终有一死。汉武帝曾作《秋风辞》，以秋风之起喟叹人生，此取其义。"画栏"句：这是写汉武帝殁后长安宫殿之荒凉景象。土花，即青苔。西

钟山风雨起苍黄,
百万雄师过大江。
虎踞龙盘今胜昔,
天翻地覆慨而慷。
宜将剩勇追穷寇,
不可沽名学霸王。
天若有情天亦老,
人间正道是沧桑。

汉时，长安有离宫别馆三十六所（张衡《西京赋》："离宫别馆三十六所"）。离宫多依山而建，地势较高。世事变迁，亭苑苔封，只有画栏前的桂树秋来依旧飘香。

中间四句为第二个层次，用拟人化手法写金铜仙人初离汉宫的凄惨之态。魏官，即序文中提及的"宫官"（即宦官）。牵车指千里，牵车向千里之外的洛阳进发。东关，铜人由西向东，故出长安东城关。酸风，秋冬的悲凄之风。眸子，即瞳子，此指眼睛。"空将"句：意谓铜人离开汉家宫阙时只有孤月为伴，她因思念汉武帝而清泪长流犹如铅水。将，携。君，汉武帝。铅水，喻铜人之眼泪。

末四句为第三个层次，写出城后途中的情景。客，指铜人。咸阳道，此指东去洛阳之路。"天若"句，苍天如若有情，见到因辞别汉宫而流泪的铜人，同样会因悲哀而容颜衰老。渭城，秦都咸阳，这里借指长安。波声小，指渭水流水声越来越小，暗指铜人离故都愈加遥远。

《金铜仙人辞汉歌》就是一首抒发家国之恸与个人之悲的代表之作。其中，"天若有情天亦老"一句，以其辽阔的意境和深沉的情感成为后人乐于引用的千古佳句，被后人誉为"奇绝无对"（司马光语）。

赏读

1949年4月23日，人民解放军解放了国民党的统治中心——南京。得知这个消息后，正在北平香山双清别墅筹划新中国成立大事的毛泽东欣喜异常，思绪万千，挥笔写就这首《七律·人民解放军占领南京》。

诗中"天若有情天亦老"一句出自李贺笔下，司马光称其为"奇绝无对"。后世文人墨客对之以下联的大有人在，但多为续貂之作。毛泽东在诗中以"人间正道是沧桑"对之，不但工整押韵，同时赋予该句以新的含义：苍天如果也有感情，看到国民党黑暗统治的残酷与蒋介石的作恶多端，也会因痛苦而衰老。而历史的沧桑巨变，是人类社会发展的客观规律和必由之路。从这个角度理解，蒋家王朝的覆灭是人心所向，人民战争的胜利正是符合了历史发展的规律。诗人在以雄浑之笔描绘攻占南京的战争画卷的同时，引经据典，坚定了人民解放军"将革命进行到底"的信心，最后又上升到哲思的高度，读来让人血脉偾张，豪情万丈，沉思无限。

夫物之不齐，物之情也

中国古代的圣人之一孟子曾经说过："夫物之不齐，物之情也。"这就是说，事物的多样性是世界的实况。马克思主义也是承认事物的多样性的，这是同形而上学不同的地方。

——《同印度总理尼赫鲁的四次谈话》（一九五四年十月）（《毛泽东文集》第六卷，人民出版社1999年6月第一版，第364页）

原典

"夫物之不齐，物之情也"摘自战国·孟子《孟子·滕文公上》：

（孟子）曰："夫物之不齐，物之情也；或相倍蓰，或相什百，或相千万。子比而同之，是乱天下也。巨屦小屦同贾，人岂为之哉？从许子之道，相率而为伪者也，恶能治国家？

注解

《孟子·滕文公上》共五章，第四章主要讲述了这样一个故事：战国时期，百家争鸣，学派繁多。农家依托神农之言，主张人人从事农耕，反对社会分工。一个叫许行的农家代表人物，带着自己的信徒从楚国至滕国，请求做滕文公的百姓。滕文公答应了他们。此后，他们过上了自给自足的农耕生活，以打草鞋和编织为生，一时间效仿者甚众。原先信奉儒家学说的陈相等人也带着农具来到滕国，追随许行学习农家思想，并向孟子宣扬农家学说。全文借孟子与陈相对话的形式，谴责了陈相背叛师门学习许行的错误做法，批判了许行否认社会分工的错误观点。

"夫物之不齐，物之情也"即出自本章，意谓：事物之间千差万别，这是自然的道理。孟子认为：如果不切实际抹杀事物间的差别，就无法治理好一个国家。本章中，孟子虽然也有"劳心者治人，劳力者治于人；治于人者食人，治人者食于人，天下之通义也"的封建等级思想，但他承认社会分工和事物之间固有区别的观点，还是值得肯定的。

赏读

抗日战争时期，印度给予了中国一定的援助。印度国大党领导人尼赫鲁多次在不同场合发表支持中国抗战的言论，并亲手促成印度援华医疗队的组建。中印两国在革命战争年代的血与火中结成了深厚情谊。

1954年10月19日，尼赫鲁以印度总理兼外交部长的身份，携女儿英迪拉·甘地一起访问中国。为了欢迎这位给予中国革命巨大帮助的"故人"，毛泽东甚至打破外交惯例，破格热情接待。据印方史料记载，尼赫鲁乘敞篷车由机场到宾馆一路上竟有100万人夹道欢迎。在为期一周的访问中，毛泽东在10月19日、10月21日、10月23日和10月26日先后同他进行了四次谈话。

毛泽东摘用"夫物之不齐，物之情也"这句古语是在第二次谈话时。本次谈话的主题是和平共处五项原则中的"平等互利原则"。毛泽东在谈话中对这个原则作了解释，他说："我们在合作方面得到一条经验：无论是人与人之间、政党与政党之间、国与国之间的合作，都必须是互利的，而不能使任何一方受到损害。如果任何一方受到损害，合作就不能维持下去。正因为这个原因，我们的五项原则之一就是平等互利。"随后，毛泽东摘用孟子这句充满朴素哲理思想的名言"夫物之不齐，物之情也"来说明事物之间存在多样性，国与国之间国情不同、政策不同，这是一种客观现象。在处理国际关系上，应该正视这种不同。

沉舟侧畔千帆过，
病树前头万木春

唐人诗云：沉舟侧畔千帆过，病树前头万木春。再接再厉，视死如归，在同地球开战中要有此种气概。

——《在李先念关于吕泗洋风暴事故后最近情况报告上的批语》（一九五九年四月二十四日）（《建国以来毛泽东文稿》第八册，中央文献出版社1993年1月第一版，第217页）

原典

"沉舟侧畔千帆过，病树前头万木春"摘自唐·刘禹锡《酬乐天扬州初逢席上见赠》：

巴山楚水凄凉地，二十三年弃置身。
怀旧空吟闻笛赋，到乡翻似烂柯人。
沉舟侧畔千帆过，病树前头万木春。
今日听君歌一曲，暂凭杯酒长精神。

注解

刘禹锡（772—842），字梦得，河南洛阳人，中唐著名诗人、思想家。贞元九年（793）进士，后官至监察御史。唐顺宗永贞元年（805），参加王叔文领导的政治革新集团。失败后被贬为朗州（今湖南常德）司马。此后又担任过连州、夔州、和州刺史。唐文宗大和二年（828），被招至长安。开成元年（836）任太子宾客，故世称"刘宾客"。刘禹锡的诗以咏史和针砭时弊见长，律调清秀，韵味隽永，常常带有深厚的哲理思想，同辈诗人推其为"诗豪"。著有《刘宾客文集》。

《酬乐天扬州初逢席上见赠》作于唐敬宗宝历二年（826）冬。是时，刘禹锡由和州（今安徽和县）刺史调至洛阳任职，与因病从苏州回洛阳的白居易（字乐天）相遇在扬州。故友相见，白居易作《醉赠刘二十八使君》送刘禹锡，刘遂作此诗酬答之。

首联是作者自述。巴山楚水，今四川、两湖、安徽一带，是刘禹锡被贬时的辗转迁徙地。公元805年"永贞革新"失败，诗人遭贬，至今将近二十三年。弃置身，诗人自称遭贬谪之身。

颔联两处用典。"闻笛赋"讲的是向秀的故事。晋朝时，向秀路经亡友嵇康故居，听邻人吹笛，不禁悲从中来，遂作《思旧赋》悼念故交。作者这里借指为怀念故友而作的诗赋。此时，因参与当年革新运动遭贬的柳宗元、吕温等作者挚友均已过世。"烂柯人"讲的是王质的故事。任昉《述异记》载：晋人王质进山砍才，见两小孩在下棋，小孩给他一个如枣核的东西，王质吃下，不觉饥饿。待看完一局棋后，王质的斧柄已经朽烂。他回到家时，原来已经百年，早已不是自己当年离开时的样子了。

颈联借景抒情，扬州位于大运河畔，舟行江上，百舸竞发；刘禹锡和白居易相逢在冬末春初之交，江南万木已有萌春复苏之意。诗人暗喻虽然自己政治上一时失意，却还有着积极向上的乐观态度。尾联感谢白居易的赠诗，愿意与好友共饮一杯，暂且以此振作精神。沉舟、病木，既是写实，又是诗人

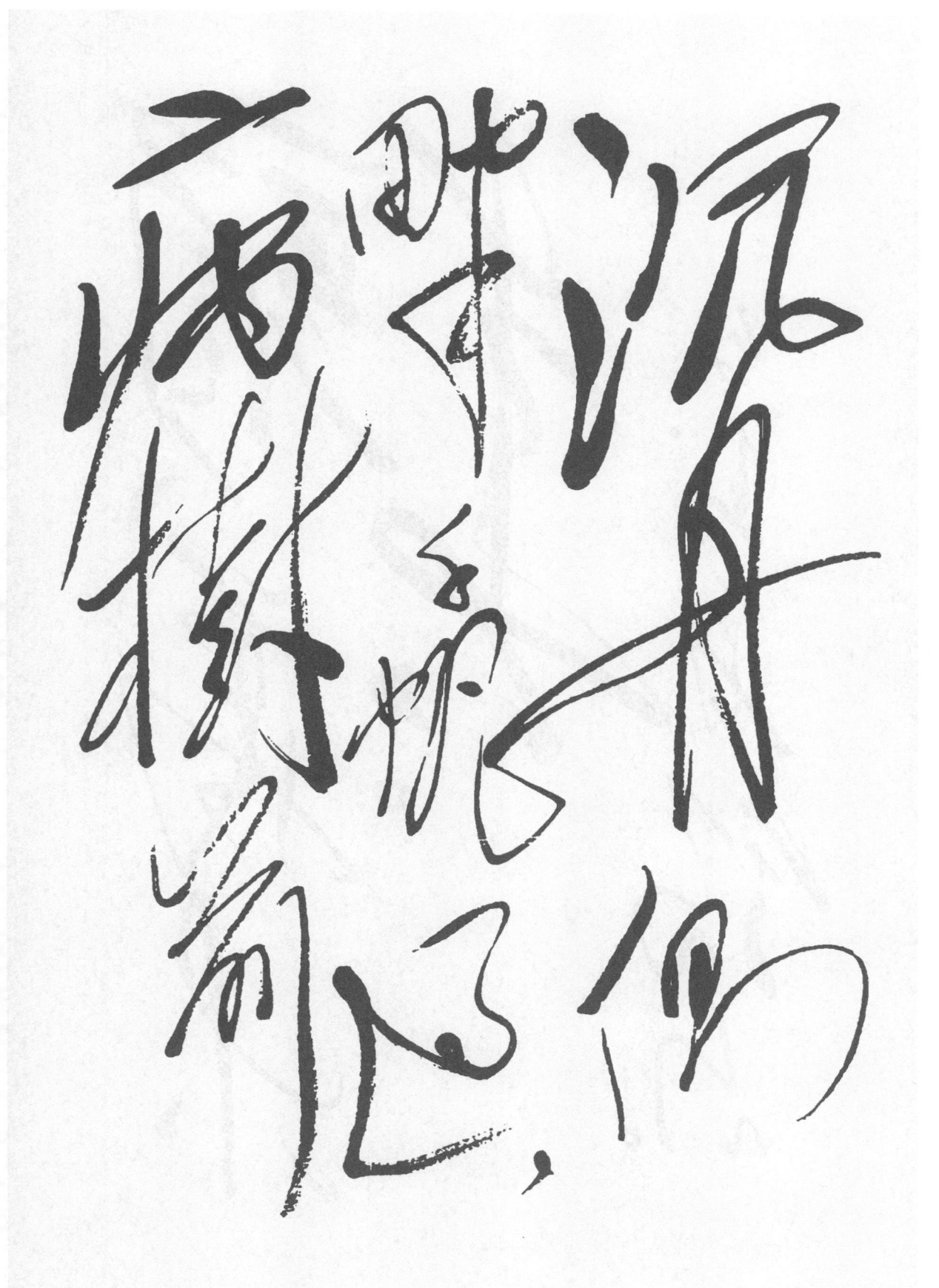

毛泽东手书刘禹锡《酬乐天扬州初逢席上见赠》(节录)

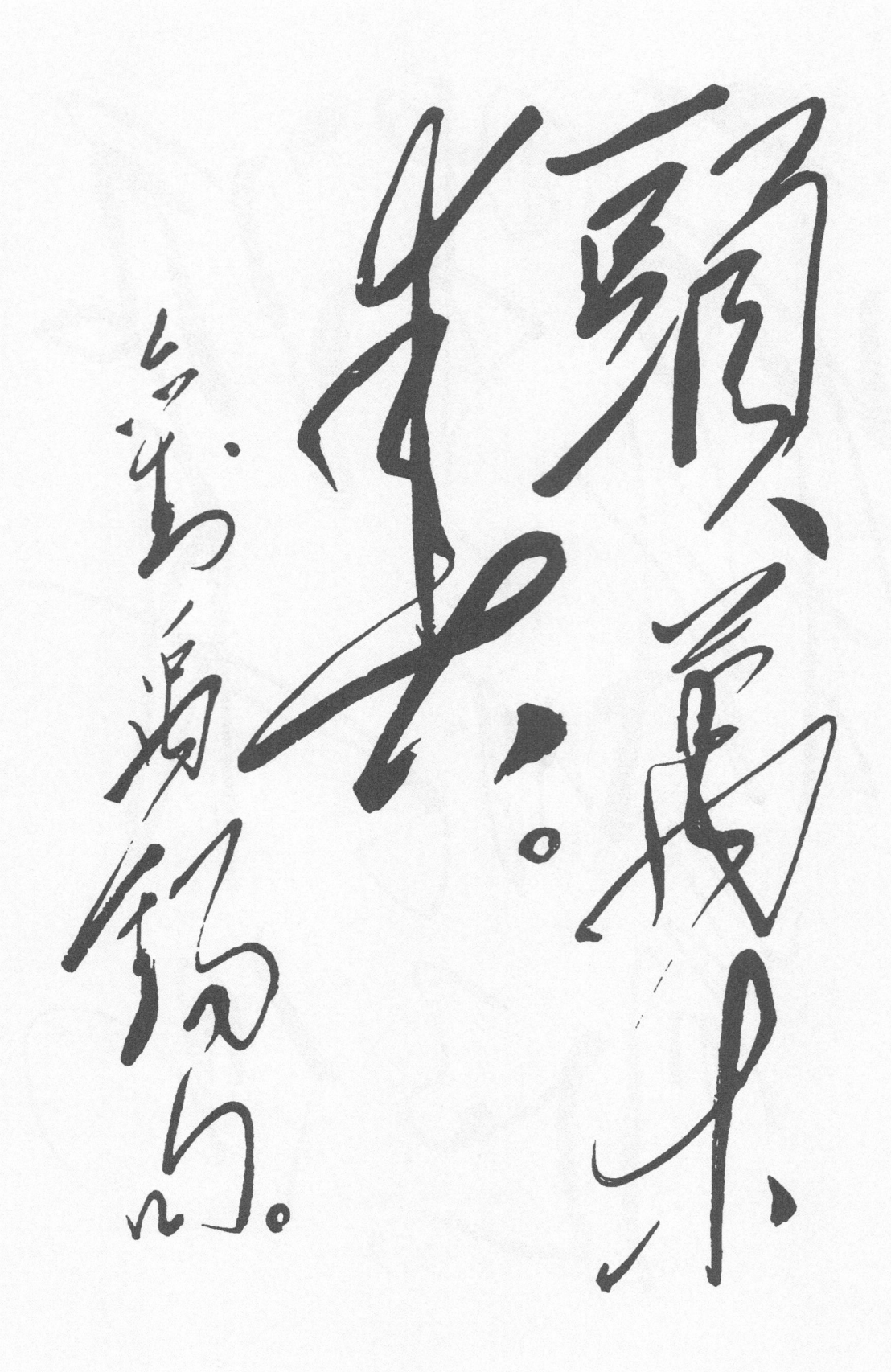

毛泽东手书刘禹锡《酬乐天扬州初逢席上见赠》（节录）

自喻人生风波失意。

　　《酬乐天扬州初逢席上见赠》是刘禹锡抒发贬官二十余年后重返朝廷的郁愤之作，但读来却并无压抑失落之感。尤其是颈联，意境宏远、寓意丰富，诗人虽以"沉舟"和"病树"自喻，却以百转千回之笔锋展现了千帆竞发、万木争春的蓬勃生机，给人以奋发向上、积极进取的激情。白居易赞为"神妙"。后用此句为人励志奋发、不甘一时失意的座右铭，也用来说明"新事物必取代旧事物"的道理。

赏读

　　1959年4月20日，国务院副总理李先念就吕泗洋发生风暴事故后相关省市采取的措施一事向周恩来、邓小平提交报告。报告说，自事故发生后，上海、浙江等省市委及时采取有力措施，保障了渔民的基本生活，稳定了他们的情绪，提高了生产积极性，并就救灾所需物质、如何尽快恢复渔业生产等事宜作了详尽的安排。4月21日，周恩来将这一报告送毛泽东传阅。4月24日，毛泽东写下了上述批语。在批语中，毛泽东摘用"沉舟侧畔千帆过，病树前头万木春"这句表现出积极人生态度和充满哲理的诗句，鼓励灾区渔民要敢于同天灾斗争、发扬积极进取的大无畏精神。

一尺之捶，日取其半，万世不竭

宇宙从大的方面看来是无限的。宇宙从小的方面看来也是无限的。不但原子可分，原子核也可分，电子也可以分，而且可以无限地分割下去。庄子讲"一尺之捶，日取其半，万世不竭"，这是对的。因此，我们对世界的认识也是无穷无尽的。要不然物理学这门学科就不再会发展了。如果我们的认识是有穷尽的，我们已经把一切都认识到了，还要我们这些人干什么？

——《关于人的认识问题》（一九六四年八月二十四日）（《毛泽东文集》第八卷，人民出版社1999年6月第一版，第389页）

原典

"一尺之捶，日取其半，万世不竭"摘自战国·庄子《庄子·天下》：

惠施以此为大，观于天下而晓辩者，天下之辩者相与乐之。卵有毛；鸡三足；郢有天下；犬可以为羊；马有卵；丁子有尾；火不热；山出口；轮不蹍地；目不见；指不至，至不绝；龟长于蛇；矩不方，规不可以为圆；凿不围枘；飞鸟之景未尝动也；镞矢之疾，而有不行、不止之时；狗非犬；黄马骊牛三；白狗黑；孤驹未尝有母；一尺之捶，日取其半，万世不竭。辩者以此与惠施相应，终身无穷。

注解

《庄子·天下》章共分为七段,首段是总论,阐明道的起源,其下几段分别介绍墨翟、禽滑釐、宋钘、尹文、彭蒙、田骈、慎到、关尹、老耽、庄周、惠施等各家观点,逐一分析诸家学派不同特点及缺陷,并予以评述。从某种程度上可以说,这是中国古代最早阐释学术概况的一篇著作。上述引文出自本章第四段,主要记述庄子对惠施观点的评价。

赏读

1964年,《自然辩证法研究通讯》第三期发表了日本物理学家坂田昌一的一篇文章——《关于量子力学理论的解释问题》。毛泽东阅后非常感兴趣,8月24日,他约了北京大学副校长周培源、中央宣传部科学处处长兼国家科委副主任于光远到中南海菊香书屋,一起讨论这篇文章。

谈话一开始,毛泽东便肯定了坂田"基本粒子不是不可分的,电子是可分的"的观点,认为他"这样说是站在辩证唯物主义立场上的"。接着,毛泽东谈起了自己对物质分割理论的认识,并摘用"一尺之捶,日取其半,万世不竭"这句富有朴素哲理的古语加以佐证。

毛泽东一生中,对集中反映道家风貌的《庄子》一书非常喜爱。他以一个诗人的角度将《逍遥游》中的鲲鹏入诗,留有"鲲鹏展翅,九万里"的豪放诗句;他还从一个教育家的角度以《秋水篇》为良好教材,谆谆教导女儿李讷不要做河伯;他甚至还站在一个哲学家的高度开掘其中蕴含的一些哲理。"一尺之捶,日取其半,万世不竭",用今天的话来解释,就是说一尺长的杖,每天截取一半,一万年都截取不完。

从现存历史记载来看,毛泽东曾不止一次摘用过这句话。1964年在北戴河期间,毛泽东同哲学工作者谈话时说道:"'一尺之捶,日取其半,万世不竭'。这是个真理。不信，就试试看。如果有竭，就没有科学了。时间、空间，是无限的。空间方面，宏观、微观是无限的。物质是无限可分的。"1973年7月17日，在接见来访的华裔物理学家杨振宁时，当谈及"光量子能不能分"这个在当时国际物理学界尚未解决的问题时，毛泽东认为物质是无限可分的，并再次摘用了这句话加以证明。

太仪斡运，天回地游

事物在运动中。地球绕太阳转，自转成日，公转成年。哥白尼的时代，在欧洲只有几个人相信哥白尼的学说，例如伽利略、开普勒，在中国一个人也没有。不过宋朝辛弃疾写的一首词里说，当月亮从我们这里落下去的时候，它照亮着别的地方。晋朝的张华在他的一首诗里也写到"太仪斡运，天回地游"。

——《关于人的认识问题》（一九六四年八月二十四日）（《毛泽东文集》第八卷，人民出版社1999年6月第一版，第391—392页）

原典

"太仪斡运，天回地游"摘自西晋·张华《励志诗九首》（其一）：

太仪斡运，天回地游。

四气鳞次，寒暑环周。

星火既夕，忽焉素秋。

凉风振落，熠耀宵流。

注解

张华（232—300），字茂先，范阳方城（今河北固安）人，西晋文学家。少孤贫，曾以牧羊为生。至晋武帝时，官居显位，是一位清廉正直之士。张华博学多才，曾编撰《博物志》10卷。其《励志诗》共九首七十二句，为自我劝勉进学之作。所以，在理解"太仪斡运，天回地游"一句时，在注意到该句蕴含的朴素运动思想的同时，还要理解到人如果不学习就如闭舟而行一样，无法体会到进步的内涵。

赏读

1964年8月24日，毛泽东约北京大学副校长周培源、中央宣传部科学处处长兼国家科委副主任于光远到中南海菊香书屋，谈日本物理学家坂田昌一发表在《自然辩证法研究通讯》1964年第三期的一篇文章——《关于量子力学理论的解释问题》。

在谈话中，毛泽东论及了事物运动性的问题。毛泽东一直主张用发展的、运动的、全面的方法看问题，反对形而上学的静止论。作为诗人的他，却不是从高深的物理知识层面来阐释这个问题，而是从宋代词人辛弃疾和晋朝诗人张华的两首诗词中来寻求证据。

毛泽东说的"当月亮从我们这里落下去的时候，它照亮着别的地方"是从辛弃疾的《木兰花慢·可怜今夕月》中转化而来，原词是："可怜今夕月，向何处，去悠悠？是别有人间，那边才见，光景东头？是天外，空汗漫，但长风浩浩送中秋？"这首词体现了辛弃疾丰富的想象，他看到月亮运动不止，就猜想到地球是圆的。"太仪斡运，天回地游"是张华《励志诗》中的一句。毛泽东是从《古诗源》里读到这首诗的，认为这句诗也充满了辩证的运动思想。

与人探讨物理学问题，却从中国古代文学作品中援引诗句来论证观点，充分体现了毛泽东集文学浪漫主义与哲学思辨主义于一身的鲜明特质。

史 鉴 篇

千人所指，无病而死

　　如仍执迷不悟甘为汉奸卖国贼，则诸公的统治必将最后瓦解，必将为全中国人民所唾弃所倾覆。语云"千夫所指，不病而死"，又云"放下屠刀，立地成佛"，愿诸公深思熟虑之。

　　——《停战议和一致抗日通电》（一九三六年五月五日）（《毛泽东文集》第一卷，人民出版社1993年12月第一版，第386页）

原典

　　"千人所指，无病而死"摘自东汉·班固《汉书·王嘉传》：

　　今贤散公赋以施私惠，一家至受千金，往古以来贵臣未尝有此，流闻四方，皆同怨之。里谚曰："千人所指，无病而死。"臣常为之寒心。

注解

　　《汉书》有西汉耿直大臣王嘉的传记。王嘉（？—前2年），字公仲，西汉平陵人。汉哀帝时为丞相，封新甫侯。元寿元年，因反对哀帝加封董贤

（哀帝宠臣，擅谄媚）而被下狱，绝食二十余日，呕血而死。上述引文记载的是，哀帝欲加封董贤两千户，王嘉提出反对意见：董贤散发国家的赋款来布施个人的恩惠，一家甚至给到一千金，自古以来尊贵的大臣都没有遇到过这样的事情，流言传播到四方，百姓们都一同怨恨他。乡里的流言说："受到千人的指责，即使无病也会死去。"我常替他感到心寒。后用"千人所指，无病而死"比喻众怒不可触犯。

赏读

日本发动侵华战争后，国民党奉行"攘外必先安内"的策略，中华民族面临亡国灭种的危险。1936年5月5日，毛泽东、朱德发出《停战议和一致抗日通电》，再次呼吁停止内战，共同抗日。通电最后，毛泽东奉劝国民政府当权者不要做汉奸，否则，只能落个"千夫所指，不病而死"的下场。

卧榻之侧，岂容他人鼾睡

日本帝国主义卧榻之侧，岂容他人鼾睡！先生北方领袖，爱国宁肯后人？保卫绥远，保卫西北，保卫华北，先生之责，亦红军及全国人民之责也。

——《给傅作义的信》（一九三六年八月十四日）（《毛泽东文集》第一卷，人民出版社1993年12月第一版，第422页）

原典

"卧榻之侧，岂容他人鼾睡"摘自南宋·岳珂《桯史·徐铉入聘》：

上谕之曰："不须多言，江南亦何罪？但天下一家，卧榻之侧，岂容他人鼾睡耶！"

注解

关于"卧榻之侧，岂容他人鼾睡"之典故，人们多认为是出自北宋文学家杨亿《杨文公谈苑》："开宝中，王师围金陵，李后主遣徐铉入朝，对于便殿，述江南事大之礼甚恭，徒以被病，未任朝谒，非敢拒诏。太祖曰：'不须多言，江南有何罪，但天下一家，卧榻之侧，岂可许他人鼾睡？'"这段历史讲的是，宋开宝七年（974），宋主赵匡胤派兵征伐南唐，后主李煜遣徐铉入宋朝谈判。赵匡胤无力应对徐铉的能言善辩，便以"卧榻之侧，岂可许他人鼾睡"对之。《杨文公说苑》尽管是记载杨亿言谈的语录笔记，具有一定的史料价值，但该书在明末时失传，流传下来的这个故事是后人从《类说》第五十三卷中引述的，并非第一手资料。另外，尽管《宋史·徐铉传》和《宋史·赵匡胤传》中也记载了徐铉入朝与赵匡胤谈判的史实，但均未提到赵匡胤所说的这句话。

根据现存史料，岳珂的《桯史》是最早记载这句话的书籍。岳珂（1183—1234），字肃之，号亦斋，又号倦翁，南宋文学家，岳飞之孙，岳霖之子。《桯史》共15卷，140条，是记载两宋时代朝野见闻的一部史料随笔。其中南宋部分，为作者亲身见闻，有较强的史料价值。该书翔实地记载了南唐尚书徐铉入朝觐见赵匡胤一事，当他质问赵匡胤南唐并无过错奈何起兵攻伐时，赵匡胤愤然回答说：南唐即使没有罪，但天下终归一统，在自己睡觉的床边，怎么能容许别人打着呼噜睡大觉呢？后用"卧榻之侧，岂容他人鼾睡"比喻在自己的势力范围之内，不容任何异己者存在或绝不容别人染指。

赏读

傅作义，字宜生，1895年生于山西荣河（今临猗县），是一位追求进步、力主抗日的国民党员。他曾在长城、绥远战役中重创日军，名扬四海。1931年12月被任命为国民政府绥远省（中华民国之一级行政区，在今内蒙古自治区中部）主席、国民党第三十五军军长。

为了联合国民党中的爱国将领，1936年8月14日，毛泽东给傅作义写了一封信。信中，毛泽东首先表达了对傅作义的敬仰之情："涿州之战，久耳英明，况处比邻，实深驰系。"接着，分析了傅作义当前所处之险境："迩者李守信卓什海向绥进迫，德王不啻溥仪，蒙古傀儡国之出演，咄咄逼人。"这里说的是，在侵华日军的策划下，充当傀儡角色的伪蒙古军政府领导人李守信、卓什海和德穆楚克栋鲁普（蒙古王公，民国初晋为亲王，通称德王）等人向傅作义所辖绥远省不断施加军事压力的事。随后，毛泽东摘用"卧榻之侧，岂容他人鼾睡"形象道出了日本帝国主义的狼子野心。危局时刻，是战是退，路在何方？毛泽东笔锋一转，慷慨激昂地作了回答："先生北方领袖，爱国宁肯后人？保卫绥远，保卫西北，保卫华北，先生之责，亦红军及全国人民之责也。今之大计，退则亡，抗则存；自相煎艾则亡，举国奋战则存。"最后，毛泽东向傅作义表达了共同抗日之诚意："弟等频年呼吁，要求全国各界一致联合，共同抗日，组织国防政府、抗日联军。幸人心未死，应者日多，抗日图存，光明渐启。近日红军渐次集中，力量加厚，先生如能毅然抗战，弟等决为后援。亟望互派代表，速定大计，为救亡图存而努力，知先生必有同心也。"

　　毛泽东致傅作义的这封信，虽然只有短短三百字，却将中华民族之危机、中共方面之诚意、抗日救亡之紧迫一一托出，情真意切，深深感染了傅作义。在以后共同抗击日本侵略的斗争中，傅作义成为国民党内为数不多的主战将领之一。

不去庆父，鲁难未已

逮捕并严惩那些坚决反对和平、积极破坏和谈、积极准备抵抗人民解放军向长江以南推进的反革命首要。庆父不死，鲁难未已。战犯不除，国无宁日。这个真理，难道现在还不明白吗？

——《南京政府向何处去？》（一九四九年四月四日）（《毛泽东选集》第四卷，人民出版社1991年6月第二版，第1446页）

原典

"不去庆父，鲁难未已"摘自春秋·左丘明《左传·闵公元年》：

仲孙归，曰："不去庆父，鲁难未已。"公曰："若之何而去之？"对曰："难不已，将自毙，君其待之！"

注解

孔子修订的《春秋》，语言十分精练，史实不甚完备，故后世多有诠释之作。其中，左丘明《春秋左氏传》，公羊高《春秋公羊传》，榖梁赤《春秋榖梁传》是现存对《春秋》诠释最为精准的三部著作，合称《春秋三传》，列为儒家经典。三者之中，又以《春秋左氏传》的史料价值和文学价值最高，它记载了从鲁隐公元年（前722）到鲁哀公二十七年（前464）的历史，对春秋时期的各种社会状况均有涉及，代表了先秦史学的最高成就。本书的作者左丘明，是与孔子同时代的鲁国史官，杰出的文学家、史学家。

庆父是鲁庄公的弟弟、春秋时期鲁国上卿。鲁庄公死后，其子子般即位。庆父欲篡夺君位，将子般杀死，另立闵公做国君。后来，闵公又被庆父杀害。由于庆父多次作乱，鲁国政局动荡，百姓十分愤慨。齐国大夫仲孙湫奉齐桓公命到鲁国前来对祸乱表示慰问，回国后对齐桓公说："不除掉庆父，鲁国的祸难就不会结束。"齐桓公问："如何才能除掉他呢？"仲孙湫回答说："庆父一再制造鲁国的内乱，必将会自取灭亡，您就等着吧。"情形后来的发展果然如仲孙湫所料。因民怨太大，庆父在鲁国无容身之地，只好逃到莒国。鲁僖公即位后，向莒国索要庆父。庆父自知回国后没有好下场，只得自缢。

后把制造内乱的人比作"庆父"。"不去庆父，鲁难未已"意指不把制造混乱的罪魁祸首铲除，国家或社会就不会得到安宁。后也写成"庆父不死，鲁难杞"。

赏读

1949年元旦，面对军事上的节节败退，蒋介石宣布"主动下野"，同时发表要求与中共和谈的《新年文告》。为了尽快结束战乱，共产党人表达了愿意和谈的诚意，并提出包括"惩办战争罪犯"在内的八项条件。4月1日，和平谈判在北平举行。中共方面的谈判首席代表是周恩来，国民党方面的首席代表是张治中。

就在南京和谈代表团到达北平的当天，南京六千多名爱国学生举行示威游行，要求国民党反动政府接受中国共产党的八项和平谈判条件。国民党南京卫戍总司令张耀明在蒋介石授意下，出动军警镇压游行，酿成两人死亡、一百余人受伤、多人失踪的"南京惨案"。谈判期间，蒋介石还在指挥着他在江南的残余部队，构筑所谓的"长江防线"，企图"划江而治"。

　　为了揭露国民政府假和谈、真内战的嘴脸，4月4日，毛泽东为新华社撰写了题为《南京政府向何处去？》的社论。社论指出：四月一日国民政府在南京造成的惨案，"是李宗仁何应钦政府保护蒋介石、保护蒋介石死党、保护美国侵略势力的必然结果"。其用意是抵抗中共八项和平条件，特别是抵抗惩办战争罪犯。毛泽东指出：如果国民政府真心与中共和谈，并表示愿意接受中共提出的八项条件作为谈判基础，那么，就应该立即逮捕并严惩主凶蒋介石、汤恩伯、张耀明，逮捕并严惩在南京上海的特务暴徒，逮捕并严惩那些坚决反对和平、积极破坏和谈、积极准备抵抗人民解放军向长江以南推进的反革命首要。这里，毛泽东把这些破坏和平的人比作庆父，并摘用"庆父不死，鲁难未已"的典故说明了一个真理：只有先惩处战犯，消除阻碍和谈的因素，国家才能安定下来，才有真正的和平可言。

　　社论的最后，毛泽东向南京政府发出最后通牒：如果再一意孤行，包庇战犯，企图以依赖美帝国主义对抗中国人民的话，人民解放军将迅速渡江南下，彻底摧毁一切至死不变的反动派。

五日京兆

> 如果接收企业的人员只准备接收,不准备经营,待接收之后再派人经营,则接收人员存"五日京兆"之心,无心经营,浪费物资,对企业生产损失甚大。
> ——《通报平津接收企业的经验》(一九四九年五月二十六日)(《毛泽东文集》第五卷,人民出版社 1996 年 8 月第一版,第 301 页)

原典

"五日京兆"摘自东汉·班固《汉书·张敞传》:

敞使贼捕掾絮舜有所案验。舜以敞劾奏当免,不肯为敞竟事,私归其家。人或谏舜,舜曰:"吾为是公尽力多矣,今五日京兆耳,安能复案事?"敞闻舜语,即部吏收舜系狱。是时冬月未尽数日,案事吏昼夜验治舜,竟致其死事。

注解

张敞是西汉名臣,曾任京兆尹(汉代设置的官职,为三辅之一,主要负责京城治安）达九年之久。《汉书》记载了张敞在任时一件事：平通侯杨恽获罪被判死刑，与其相关的大臣几乎都被停职。杨恽的好友张敞也被牵连，遭到大臣弹劾。絮舜（张敞下属，掌管捕贼职责）以为张敞即将被停职，拒绝执行其命令，还私自跑回了家。亲戚朋友纷纷劝说，但是絮舜不听，说道："我为张敞尽力的时间已经很长了，现在他也只能当五天的京兆尹了，怎么还有权办案呢？"张敞得知后，将絮舜下狱，并在当年冬天以拒绝执行公务为由将其斩首。

后用"五日京兆"指任职时间短或即将离职，也指做事不作长远打算。如宋·赵鼎臣《竹隐畸士集》九："时可投劾勇去，顷刻不可留，虽子磬亦自谓五日京兆也。"《鲁迅书信集·致章延谦》："专门做教员，不知道将来（开学后）可能够。但即使做教员，也不过是五日京兆。"

赏读

随着在全国范围内军事斗争的胜利，毛泽东越来越多地考虑将工作重心转移到城市的问题，要求各级干部必须用极大的努力去学会管理城市和建设城市。对其中好的经验做法、需要改进的问题，毛泽东经常通报各地，以引起注意。

1949年5月26日，毛泽东以中共中央名义起草了致华东局、华中局、西北局和南京市委电，向他们通报北平、天津接收企业的经验。在电报中，毛泽东强调："据平、津经验，我占城市初期，如果接收企业的人员只准备接收，不准备经营，待接收之后再派人经营，则接收人员存'五日京兆'之心，无心经营，浪费物资，对企业生产损失甚大。"为避免出现这种情况，毛泽东要求："接收初期派去接收企业的负责人，即应尽可能选择那些可以付托他们经营的人们，嘱咐他们不但要接好，而且要管好，使生产不受损失，此点务请注意。此外，不可把企业物资（存厂的或已交给国民党政府、华东局，华中局，西北局，南京市委：接收平津经验我们感觉如果接收企业的人员只准备接管而不熟悉经营，等待接收之后再派人经营，则接收之后必发生五种紊乱之现象，对生产损失甚大。因此接管初期派去接收企业的负责人即应尽可能邀请那些可以付托经营企业的人们一道前去，使他们不但接收，而且要管好使其不受损失，此点务请注意。此外，

（二）不可把企业物资（存厂的或已交给国民党政府政府机关的都在内）当作战利品没收分配消耗掉，如果把企业物资（纱布被服及其他制造品）当作战利品消耗掉，则政府势必要向企业付偿，企业才能继续开工，否则企业即将停止继续生产。此点亦是平津的经验，前已告华东局，现再重说一遍，请注意。中央 辰宥

华东并转各属

政府尚未付价的都在内）当作战利品没收、分配、消耗掉。如果把企业物资（纱布、被服及其他制造品）当作战利品消耗掉，则政府势必要向企业付价，企业才能继续开工，否则企业即将停工，无力继续生产。"这个电报后来以《通报平津接收企业的经验》为题，收入《毛泽东文集》第五卷。

这里，毛泽东摘用《汉书》中"五日京兆"这个典故，委婉地批评了那些"只准备接收，不准备经营"的错误想法和做法，提醒党的各级干部在接收城市的问题上，应将接收与经营统筹考虑，将城市日后的持久发展作为接收的最终目的，将其作为百姓安居乐业、国家繁荣富强的大本营来用心经营，决不可存"五日京兆"之心，将城市作为杀鸡取卵式的战果享受。

非圣诬法，大乱之殃

对孔夫子，自董仲舒以来就说不得了，"非圣诬法，大乱之殃"。我们不能这样，我们要实事求是。我们对一切事情都要加以分析：好，就肯定；不好，就批评。

——《关于辛亥革命的评价》（一九五四年九月十四日）（《毛泽东文集》第六卷，人民出版社1999年6月第一版，第346—347页）

原典

"非圣诬法，大乱之殃"出自东汉·班固《汉书·金日磾传》：

太皇太后惩艾悼惧，逆天之咎，非圣诬法，大乱之殃，诚欲奉承天心，遵明圣制，专一为后之谊，以安天下之命，数临正殿，延见群臣，讲习礼经。

注解

金日磾（mì dī）（前134—前86），字翁叔，匈奴休屠王太子。汉武帝时，金日磾被俘至汉廷，时年仅14岁。后因出色的政治才能逐渐为汉武帝重用。汉武帝临终前，命其为辅政大臣。汉昭帝时，授侯爵。金日磾死后，汉昭帝将其葬于茂陵，赐谥敬候。

上述引文记述的是金日磾后人的故事。汉平帝时，王莽专权。金当（金日磾的曾孙）的母亲恰是王莽母亲的妹妹，他就上书请封其母为太夫人。金钦（金日磾弟弟金伦的曾孙）也趁机上书要求为祖父和父亲立祠庙。大臣甄邯反对金钦的做法，说他是"非圣诬法，大乱之殃"。非，通"诽"。殃，开始。"非圣诬法，大乱之殃"的意思是：讥议圣人，诽谤法度，是大乱的开始。

赏读

1954年9月14日，毛泽东主持在中央人民政府委员会临时会议通过中华人民共和国宪法草案后，就如何评价辛亥革命问题发表了一次讲话。

毛泽东认为，辛亥革命是有重大意义的，但最终失败了。为什么呢？是因为孙中山的领导集团犯了错误，有缺点。对此，孙中山有过自我批评。毛泽东由此联系到现实，认为共产党员也应该注重自我批评。他说："人总是有缺点的，总是要犯错误的。""一个人总是会有许多缺点的。如果觉得自己一点缺点也没有，'老虎屁股摸不得'，那就不好了。"他还举了汉代大儒董仲舒"罢黜百家，独尊儒术"以后，世人视孔夫子为圣人，再也不敢提出他的缺点的现象予以批判，认为这是典型的"非圣诬法，大乱之殃"的做法。

"非圣诬法，大乱之殃"是封建卫道士们为了维护传统礼教与封建法度，制造圣人崇拜以束缚百姓们的思想言论。毛泽东在这里加以批判，并向广大共产党员提出要求："我们不能这样，我们要实事求是。我们对一切事情都要加以分析：好，就肯定；不好，就批评。"

风云帐下奇儿在，
鼓角灯前老泪多

田家英同志：

近读《五代史》后唐庄宗传三垂冈战役，记起了年轻时曾读过一首咏史诗，忘记了是何代何人所作。请你一查，告我为盼！

毛泽东

十二月二十九日

《三垂冈》诗一首：

英雄立马起沙陀，奈此朱梁跋扈何。只手难扶唐社稷，连城犹（且）拥晋山河。风云帐下奇儿在，鼓角灯前老泪多。萧瑟三垂冈下（畔）路，至今人唱百年歌。

诗歌颂李克用父子。

——《给田家英的信》（一九六四年十二月二十九日）（《建国以来毛泽东文稿》第十一册，中央文献出版社1996年8月第一版，第288页）

原典

"风云帐下奇儿在，鼓角灯前老泪多"摘自清·严遂成《三垂冈》：

英雄立马起沙陀，奈此朱梁跋扈何。

只手难扶唐社稷,连城且拥晋山河。

风云帐下奇儿在,鼓角灯前老泪多。

萧瑟三垂冈畔路,至今人唱百年歌。

注解

严遂成,1694年生,卒年不详,字嵩瞻,又字海珊,浙江乌程(今吴兴)人。雍正年间进士,工于咏史诗。著有《海珊诗钞》十一卷。

《三垂冈》是诗人路过三垂冈(今属山西省长治市)时有感而作。首联写李克用的无可奈何。李克用是沙陀部族的英雄,因镇压黄巢起义有功被封为晋王。李克用一生极力维护唐王朝的统治,反对朱温篡权建梁,但由于朱温势力过大,自己也无力奈何他的专横跋扈。颔联写李克用的执着坚守。李克用曾被唐皇封为晋王,他尽管不能匡扶大唐社稷,但尚能固守着自己的驻地同朱温相抗衡。颈联写李克用的复杂心理。奇儿,指李克用的儿子李存勖。他自幼随父亲在军中征战,表现出了过人的军事才能。老泪多,意谓李克用悲伤自己已老,感叹人生的兴衰。尾联是诗人自写。当他路过三垂冈时,秋风萧瑟,诗人不禁发出了对人世兴衰的感慨。

《三垂冈》气势宏阔,融贯古今,刻画了李克用、李存勖父子逐鹿群雄、建功立业的英雄风貌,是咏史诗中的佳作。"风云帐下奇儿在,鼓角灯前老泪多"一句更是神来之笔,写出了李克用英雄垂幕的失落与后继有人的欣慰的复杂心理,读之凄凉悲壮。

赏读

公元907年,朱温灭唐称帝,建立梁朝,五代十国自此开始。李克用忠家英同志：近读五代史后唐庄宗传三垂冈战役，记起年轻时读过一首咏史诗，忘记了是何代何人所作。请你一查告我为盼！毛泽东 十一月二十六日

三垂冈诗一首：
英雄立马起沙陀，奈此朱梁跋扈何。
只手难扶唐社稷，连城犹拥晋山河。
风云帐下奇儿在，鼓角灯前老泪多。
萧瑟三垂冈下路，至今人唱百年歌。

诗歌颂李克用父子

唐王朝，多次讨伐朱温，但总是胜少败多。公元908年2月，李克用病死。弥留之际，给儿子李存勖留下三支箭，要他替自己完成三个遗愿：一支箭用于讨伐反唐降梁的燕王刘仁恭及其儿子，第二支箭用于教训食言毁约的契丹首领耶律阿保机，最后一支箭用于消灭宿敌朱温。

李克用死后两个月，李存勖趁梁军懈怠之机，戴孝出征，亲率大军，疾驰六日，进抵三垂冈。随即命全军隐蔽集结，梁军毫无觉察。次日凌晨，漫天大雾，李存勖借大雾掩护，挥师前进，直捣梁军大营，斩杀万余首级。朱温在开封闻讯，惊叹道："生子当如是。李氏不亡矣！吾家诸子乃豚犬（猪狗）尔！"

三垂冈之战，是李存勖嗣位晋王之初指挥的第一场成功战役，为其称霸中原、建立后唐奠定了基础。颇具戏剧性的是，对这场战役的必然性，李克用早有断言。据《旧五代史·庄宗纪》载：李存勖五岁时，李克用带着他在三垂冈狩猎。三垂冈上有唐玄宗原庙。李克用命人于祠前置酒奏乐，自陈衰老之状，甚是凄苦，便对李存勖说："老夫壮心未已，二十年后，此子必战于此。"此时的李克用，虽已是英雄暮年，心中凄怆，但看到李存勖少年英发，智勇双全时，心中也多少有了些安慰。

后来，李存勖又擒杀了刘仁恭、刘守光父子，接连挫败了耶律阿保机的南侵，于公元923年灭掉后梁，建立后唐王朝。至此，李存勖完成了父亲的三个遗愿。

毛泽东十分欣赏李存勖的军事才能。他在读《通鉴纪事本末·后唐灭梁》时，曾写下这样的批语："康延孝之谋，李存勖之断，郭崇韬之助，此三人者可谓识时务之俊杰。""生子当如李亚子（李存勖小名——编者注）"。

1964年12月29日，毛泽东在读《五代史·后唐庄宗传》三垂冈战役时，联想到了清代诗人严遂成写的这首题为《三垂冈》的七律古诗。当时，时年七十岁高龄的毛泽东记不清楚这首诗的作者了，只好凭记忆默写下这首几十年前读过的诗，让秘书田家英去查找作者。根据核查，毛泽东写下的这首诗只有第四句和第七句中有两字不同：第四句中的"犹"字应为"且"字；第七句中的"下"字应为"畔"字。但该诗在清人袁枚《随园诗话》(卷2第63则)中的载录,却与毛泽东手写的全诗一字不差。出现两个字的误差,可能是毛泽东最初是通过《随园诗话》接触到这首诗的缘故。这不能不让人对毛泽东的古诗词功底深为折服。或许,军事家跨越时空的智谋契合与百折不回的执着信念,才是毛泽东对这首诗印象如此深刻的主要原因吧。

坑灰未冷山东乱，
刘项原来不读书

唐人诗云："竹帛烟销帝业虚，关河空锁祖龙居。坑灰未冷山东乱，刘项原来不读书。"有同志说："学问少的打倒学问多的，年纪小的打倒年纪大的"，这是古今一条规律。经、史、子、集成了汗牛充栋、浩如烟海的状况，就宣告它自己的灭亡，只有几十万分之一的人还去理它，其他的人根本不知道有那回事，这是一大解放，不胜谢天谢地之至。

——《对〈在京艺术院校试行半工（农）半读〉一文的批语》（一九六六年四月十四日）（《建国以来毛泽东文稿》第十二册，中央文献出版社1998年1月第一版，第35页）

原典

"坑灰未冷山东乱，刘项原来不读书"摘自唐·章碣《焚书坑》：

竹帛烟销帝业虚，关河空锁祖龙居。
坑灰未冷山东乱，刘项原来不读书。

注解

章碣（836—905年），浙江桐庐人，诗人章孝标之子。唐乾符年间进士，唐亡后流落不知所终。其诗多为七律，大多为借古抒发激愤之作。《全唐诗》存其诗28首。秦始皇统一中国后，为了加强思想统治，听取丞相李斯建议，在今陕西临潼县骊山下设置焚书坑，将民间所藏古代典籍尽数焚烧，并坑杀儒生四百六十余人。这首诗就是诗人路过此处时有感而作。

祖龙，指秦始皇，是秦朝国民对始皇帝的代指。《史记·秦始皇本纪》记载了这样一件事：公元前206年秋的一天夜里，秦始皇的使者从关东过华阴平舒道，有一个人给使者一块玉璧，让他转交秦始皇，并说了一句话："今年祖龙死。"接着，那个人就不见了。秦始皇拿到这块玉璧后，发现这竟然是八年前自己出外巡视渡江时不小心坠入水中的那块玉璧。第二年，秦始皇就驾崩了。

刘项，指刘邦和项羽。刘邦出身泗水亭长，项羽少年学书不成，二人均是在秦末农民武装战争中角逐而出，故曰"不读书"。"坑灰未冷山东乱，刘项原来不读书"一句意谓：秦始皇自以为焚书能永葆江山，不料亡秦者却非读书之人。诗人对秦始皇焚书坑儒的暴行进行了无情的谴责和嘲讽。

赏读

1966年4月12日，中央办公厅机要室编印的《文电摘要》第168号上刊载了一篇题为《在京艺术院校试行半公（农）半读》的文章，介绍了中国音乐学院抽调一部分学生和老师分别到中国汽车工业公司北京分公司和北京市海淀区温泉公社试行在工厂办学、半农半读的情况。

4月14日，毛泽东看到这篇文章后非常赞赏这种做法，随即在旁边空白处写下了一段将近一千字的批语。在批语中，毛泽东号召一切学校和学科都应该学习中国音乐学院的做法,"到工厂去,到农村去,同工人农民同吃同住同劳动,学工学农,读书"。毛泽东认为,书是要读的,但读多了是会害死人的,"许多无用的书,只应束之高阁"。

为了说明问题,毛泽东还以共产党人和军事干部的实际情况来举例论证。中国共产党是无产阶级的政党,是工人阶级的先锋队。当时的共产党人和军事干部,"一字不识和稍识几字的占了百分之九十几","进过黄埔军校、云南讲武堂、苏联军事院校的,只有极少数,大学毕业生几乎一个也没有"。然而,就是这样一群人,最后却取得了成功。为什么呢?因为共产党人经历过二十几年战争与革命的考验,得到过实践的锻炼。而那些只会啃书本的大学教授和大学生,实际上知识贫乏得很。讲起打仗、革命、做工、耕田,"一窍不通"。批语的最后,毛泽东摘用《焚书坑》一诗进一步说明"学问少的打倒学问多的"的道理。

毛泽东的这段批语,并非让大家都不读书,丝毫没有否定读书的价值的意思,而是认为读书要同社会实践结合起来,做到学以致用。

魏帝营八极，蚁视一祢衡

> 此篇注文，贴了魏武不少大字报，欲加之罪，何患无词。李太白云："魏帝营八极，蚁观一祢衡。"此为近之。
> ——《读〈三国志集解〉批语》，(《毛泽东读文史古籍批语集》，中央文献出版社 1993 年 11 月第一版，第 138 页)

原典

"魏帝营八极，蚁视一祢衡"摘自唐·李白《望鹦鹉洲悲祢衡》：

魏帝营八极，蚁视一祢衡。

黄祖斗筲人，杀之受恶名。

吴江赋《鹦鹉》，落笔超群英。

锵锵振金玉，句句欲飞鸣。

鸷鹗啄孤凤，千春伤我情。

五岳起方寸，隐然讵可平？

才高竟何施，寡识冒天刑。

至今芳洲上，兰蕙不忍生。

注解

　　鹦鹉洲，在今湖北省武汉市西南长江中，因作《鹦鹉赋》的祢衡葬于此处，故名。祢衡是东汉名士，负才学而狂傲不羁。孔融仰慕其才华，便将其引荐给曹操。曹操多次想见他，他却称病不见，甚至大骂曹操。曹操敬其才学，不忍杀之，便把祢衡遣送给刘表。一开始，刘表还非常尊重祢衡，予以重用，但后来逐渐受不了祢衡的轻狂，便将其送到江夏太守黄祖处任秘书。祢衡最终因"出言不逊"为黄祖所杀，年仅26岁。

　　在《全唐诗》中，李白留下的凭吊祢衡的诗歌绝非仅此一首，这或许是诗人有着与祢衡一样怀才不遇的共同经历有关。他在《经乱离后，天恩流夜郎，忆旧游书怀，赠江夏韦太守良宰》中有"顾惭祢处士，虚对鹦鹉洲"之句。他还专门作《鹦鹉洲》一诗，用"迁客此时徒极目，长洲孤月向谁明"表达对祢衡凄凉命运的无限惋惜。

　　这首《望鹦鹉洲悲祢衡》同样是李白追忆祢衡的怀古之作。诗的前四句叙述祢衡的悲惨命运。曹操经管天下，却视孤傲的祢衡如蝼蚁。黄祖一介武夫，杀之受恶名。接下来的八句，李白以《鹦鹉洲》为例展示祢衡"超群英"的杰出才华，痛斥黄祖为凶猛的恶鸟，残害如孤凤的祢衡。祢衡与黄祖的儿子黄射关系很好。黄射在任章陵太守时，有一次大宴宾客，请祢衡以鹦鹉为题作赋。祢衡以鹦鹉自比，写就《鹦鹉赋》。诗人为祢衡的被杀哀伤不已，心情如五岳突兀，不能得平。最后四句，李白为祢衡的才华不得施展而惋惜，为他的桀骜受刑而悲伤。诗人以浪漫的想象，将兰惠赋予人的感情，似乎它们也为祢衡的死痛不欲生了。

赏读

　　毛泽东非常欣赏《三国志集解》一书，但对书中的观点，并不完全赞同。

卷一 武紀 建安十六年

命可謂天助漢室非人力也然封彙四縣食戶三萬何德堪之江湖未靜 胡三省曰謂孫劉也
不可讓位至於邑土可得而辭今上還陽夏柘苦三縣 郡國志豫州陳國陽夏柘苦一統志陽夏故城今河南陳州府太康縣治柘城故城今歸德府柘城縣治北苦縣故城今歸德府鹿邑縣東十里（謝鍾英曰當在亳州東南）戶二萬但食武平萬戶且以分損謗議少減孤之責也 李安溪曰文詞絕調也惜出於操令人不喜讀耳

十六年春正月

魏書曰庚辰天子報減戶五千分所讓三縣萬五千封三子植為平原侯據為范陽侯豹為饒陽侯 名者豹改十六年所封饒陽侯沛穆王林之初名平原見豹即沛穆王林解見武文世王公傳潘眉曰武二十五子無初平三年郡國志幽州涿郡范陽冀州國饒陽一統志范陽故城今直隸保定府定興縣南四十里故城鎮饒陽故城今直隸深州饒陽縣東食邑各五千戶

天子命公世子丕為五官中郎將置官屬為丞相副 續百官志五官中郎將一人比二千

在如何评价魏武帝曹操的问题上，毛泽东就与卢弼观点不同。

曹操是三国历史上一个非常重要的人物。随着电视剧《三国演义》的播出和有关其人其事的文艺表现形式的流传开来，曹操几乎成为一个家喻户晓的人物。"治世之能臣，乱世之奸雄"也就成为评价曹操的主流观点。卢弼在《三国志集解》中亦有此倾向。

《三国志·魏书·武帝纪》里记载了建安十五年（210）曹操发布征贤令一事。这份征贤令在求贤的同时，还叙述了自己的征战经历和内心活动，表明绝无取代汉室的想法。卢弼对此作了大量批注，提出了许多责难。比如，曹操在令中嘱咐妻妾，自己百年之后，无论她们嫁到何处，都要向他人表明自己绝无叛汉之心。卢弼认为这番话"为奸雄欺人之语"。又如，曹操在令中说自己不愿放弃兵权，是为后世子孙打算，也是为汉室安危着想。卢弼说曹操这是"肝鬲至言，欲盖弥彰者也"。再如，曹操在令中说自己打仗"推弱以克强，处小而禽（通"擒"——引者注）大"，卢弼又列举曹操在汴水之战、濮阳之围、清水之难、乌林之役、潼关之困的种种败绩，说他"志骄气盈，言大而夸"。

毛泽东读到此处时，认为卢弼对曹操是"欲加之罪，何患无词"，"贴了魏武帝不少大字报"，不同意他的注文。他摘用"魏帝营八极，蚁视一祢衡"来说明曹操的雄才大略与卢弼的失当轻言，为曹操翻案。毛泽东认为，曹操经管天下，功勋卓著，而祢衡虽负才学，却桀骜不驯，是曹操唯一轻视的人。卢弼的这篇注文，与当年祢衡骂曹操的傲慢轻狂甚是相似。所以，毛泽东说"此为近之"。

毛泽东看问题、评价人历来主张全面、客观。对曹操，毛泽东也是如此。他不避讳曹操的不足，对曹操未能及时进攻四川以致给刘备留下休养生息时间的做法提出异议，对赤壁之败中曹操对人严而责己宽的做法认为不妥，留有"赤壁之败，将抵何人之罪？"的评论。但是，对曹操的文韬武略，毛泽东也是赞赏有加，多次同身边的工作人员提起。毛泽东也非常喜欢曹操的诗词，甚至还写有《浪淘沙·北戴河》来凭吊曹操，并向自己的亲人和同事推荐曹操的诗歌。

毛泽东评价曹操，不盲从流行说法，不掺杂个人好恶感情，客观公允，体现了一个政治家的从容气度。

时来天地皆同力，
运去英雄不自由

时来天地皆同力，运去英雄不自由。

——《读〈南史·梁武帝传〉批语》，（《毛泽东读文史古籍批语集》，中央文献出版社1993年11月第一版，第185页）

原典

"时来天地皆同力，运去英雄不自由"摘自唐·罗隐《筹笔驿》：

抛掷南阳为主忧，北征东讨尽良筹。
时来天地皆同力，运去英雄不自由。
千里山河轻孺子，两朝冠剑恨谯周。
惟余岩下多情水，犹解年年傍驿流。

注解

罗隐（833—910），原名横，字昭谏，自号江东生，杭州新城（今浙江富阳）人。罗隐生活在由盛转衰的晚唐，他不满腐败的朝政，作《谗书》讽刺之，触犯了权贵，因此连考了十次科举都没有中进士，遂改名为"隐"。留存诗集《甲乙集》10卷，《谗书》5卷等。

这首诗是诗人借咏叹筹笔驿来抒发对蜀汉兴亡的无限感喟。筹笔驿，即今之朝天驿，在四川省广元县与陕西省阳平关之间。三国时蜀汉丞相诸葛亮出兵伐魏，曾驻此筹划军事。

首联写诸葛亮一生的功业。颔联感怀蜀汉政权的兴衰与时运密切相关，表达了诗人对诸葛亮的钦佩与惋惜之情。意谓：时势顺利时，仿佛天地都齐心助你；时运不济时，纵是诸葛亮这样的英雄也无力扭转局势。颈联指出了诸葛亮功业未就的原因，孺子，指后主刘禅。冠剑，古代官员戴冠佩剑，后代指文武百官。谯周，字允南，因劝言刘禅降魏有功，被封为阳城亭侯。尾联借景抒发对诸葛亮功业未成的无限憾恨。

赏读

梁武帝萧衍是南北朝时梁国开国皇帝，生于464年，卒于549年。他在位48年，前半生励精图治，奠定强大国力基础，后半生却听信谗言，导致社会矛盾突出。548年，侯景发动叛乱攻入梁都建康，次年攻破皇宫，梁武帝遭囚，不久饿死于台城。在读唐代李延寿的《南史》时，毛泽东对梁武帝多有评价。

《南史·曹景宗传》记载：506年，徐州刺史昌义之被魏围困，梁武帝派曹景宗前去解围，要求他和豫州刺史韦睿会合后再行动。曹景宗贪功，率兵独自冒进，损失惨重。梁武帝得知后，指出曹景宗用兵上的失误，说如果他听从命令，"待众军同行，始可大捷矣"。

毛泽东读到此处时，非常欣赏梁武帝的军事战略眼光，写下批语"此时梁武，犹知军机"。

对晚年不听忠言、独断专行的梁武帝，毛泽东也提出了批评意见。

毛泽东手书罗隐《筹笔驿》

毛泽东手书罗隐《筹笔驿》

毛泽东手书罗隐《筹笔驿》

晚年的梁武帝任用奸佞之徒当政，天下甚苦。负责规谏皇帝得失的散骑常侍贺琛上书谏言，梁武帝看后却痛斥他，还辩解道，自己废寝忘食地处理政务，多年不近女色，不饮酒、不好淫奢之物，这些还不足以说明自己的以身作则吗？他还讽刺说，如今当官的人都通过向皇帝奏事以求进取，但皇帝也不能阻止他们，否则就容易造成"专听生奸，独任成乱"的局面。

毛泽东看后写下三条批语："此等语，与孙权诘陆逊语同。""萧衍善摄生，食不过量，中年以后不近女人。然予智自雄，小人日进，良佐自远，以致灭亡，不亦宜乎。""'专听生奸，独任成乱'，梁武有焉。"

陆逊是三国时期吴国丞相。226年，他上书国君孙权，劝其广施德政，缓刑减赋。孙权不听，也是一一反驳。毛泽东认为梁武帝此举与孙权如出一辙。作为皇帝，梁武帝勤于政事、艰苦朴素的品质值得颂扬，但他晚年不听忠言，"小人日进"，最后被困饿死，着实是"专听生奸，独任成乱"的典型教材。

李延寿在《南史·梁武帝纪》的最后，对这位功过参半的君主有段全面评价。李延寿谈道"（梁武帝）始用汤、武之师，终济唐、虞之业""制造礼乐，敦崇儒雅"。随后，他笔锋一转，说梁武帝后来"留心俎豆，忘情干戚，溺于释教，弛于刑典"，错误接受北魏侯景的降服，引狼入室，导致辱死于叛臣之囚室，"可为深痛，可为至戒者乎！"

读到这里，毛泽东写下批语："时来天地皆同力，运去英雄不自由。"

这是唐朝诗人罗隐《筹笔驿》中的两句。创业维艰，守成不易，国家兴衰究竟取决于何种因素？可以说，罗隐将其片面地归结于"时"和"运"。其实，想成事既要把握"时""运"，也要善于借助"人力"，有时"人力"的因素更重要，能在一定程度上改变"时"和"运"。毛泽东信手拈来这句诗，在表达对梁武帝的嗟叹之情的同时，也为后人留下了对创业和守业的思考与反思。

天津桥上无人识，
独倚栏干看落晖

吾疑赵风子、刘七远走，并未死也。"天津桥上无人识，闲倚栏干看落晖"，得毋像黄巢吗？

——《读〈明史纪事本末〉批语》，(《毛泽东读文史古籍批语集》，中央文献出版社1993年11月第一版，第334页)

原典

"天津桥上无人识，独倚栏干看落晖"摘自唐·黄巢《自题像》：

记得当年草上飞，铁衣著尽著僧衣。
天津桥上无人识，独倚栏干看落晖。

注解

黄巢（？—884），唐代曹州冤句（今山东菏泽）人，唐末农民起义领袖，自号"冲天大将军"。中和一年（881），攻入长安，称帝，建国"大齐"，改年号为金统。中和三年（883），在唐军的反扑下被迫撤出长安。次年，在山东泰山狼虎谷处兵败自杀。也有传言，说黄巢并未死，而是遁入佛门。

天津桥，在河南洛阳西南20里处。《历代诗话》记载：兵败后，黄巢落发为僧，隐居于天津桥畔，时常在黄昏时分漫步上桥。结合正史记载来看，黄巢出家为僧的说法并不可信。这首《自题像》，很有可能是后人托黄巢之名而作，其用意或许是为凝聚起义军的军心，也可能是为了缅怀英雄。《全唐诗》收入此诗时，将作者归为黄巢，这姑且视为一种说法。

赏读

《明史纪事本末》凡80卷，是记载明代重要史事的纪事本末体史书，清初谷应泰等著。谷应泰（1620—1690）字赓虞，号霖苍，直隶丰润（今河北丰润）人，顺治四年（1647）进士，做过户部主事、员外郎。后调任浙江学政，利用公余时间延揽名士，历时两年有余，著成此书。

全书始于元朝至正十二年（1352）朱元璋起兵，迄于明朝崇祯十七年（1644）李自成攻入北京。作者从近300年的历史事件中选录一些重要事件，列成80个专题，按时间顺序编排，记述这些事件的始末，并在卷末附上史论。该书成于《明史稿》《明史》之前，加之又是综合明代诸多史料撰写而成，在当时具有重要的史料参考价值。但书中有些内容是根据野史传闻而著，也有一定的失实之处。

该书第45卷《平河北盗》一节，记述了明武宗年间刘六、刘七兄弟领导的一次规模较大的农民起义。刘六名宠，刘七名晨，是河北霸州文安县的农民，因不堪地主豪强的压迫于正德五年（1510）十月聚众起义。他们任用秀才出身、人称"赵风子"的赵燧为谋士，严肃军纪、杀富济贫，很快汇集成一支几十万人的大军，转战于河北、山东、山西、河南、湖广、江西、安徽、江苏等省区，所向无敌，震惊朝野。正德六年（1511）八月，明武宗调重兵围剿起义军。刘六、刘七被迫将义军分兵两路，坚持抵抗。正德七年

祸成于庸帅卒之封爵定勋先及中八子弟焉

夫张让逼书张角、黄巾平而让等俱封列侯令

孜致乱黄巢长安破而令孜居功扈驾败亡之

主各贤其臣而五省生灵糜肉烂悲夫

吾疑诸风子党七遁逃
也。天下扰上若人欲闲生
许有原理何甲像士蘖此笔公

毛泽东读《明史纪事本末》的批注

（1512）四月，义军赵燧一部与明军作战失利，被俘杀害。不久，刘六、刘七所部也在长江一带受挫，二人壮烈牺牲。

毛泽东在读到这个故事时，联想起唐末农民起义军领袖黄巢兵败后的传说，于是就写下了前面那段批语，批语中将原诗中的"独"，写成了"闲"。

毛泽东自幼就喜欢读旧小说，非常仰慕那些"禅杖打开危险路，戒刀杀尽不平人"的英雄豪杰。在湖南一师时，每每与同学论及救国之道时，他总是以"学梁山泊好汉"作答。而最终，他也是通过武装斗争的方式实现了中国革命的胜利。所以，对与自己有着相似经历的黄巢，毛泽东也多有评述，并摘用其《自题像》中的诗句对《明史纪事本末》中记载赵风子、刘七败死的结局提出质疑，认为他们的结局很可能像黄巢一样，以此寄托对英雄们的追怀与哀思。

这里，值得一提的是，毛泽东摘用黄巢这首诗绝非仅此一次。1963年12月16日，新中国十大元帅之一，共和国开国元勋罗荣桓同志逝世。毛泽东惊闻噩耗，即作《七律·吊罗荣桓同志》，第一句即是摘用黄巢《自题像》中的"记得当年草上飞"。全诗为："记得当年草上飞，红军队里每相违。长征不是难堪日，战锦方为大问题。斥鷃每闻欺大鸟，昆鸡长笑老鹰非。君今不幸离人世，国有疑难可问谁？"

讽喻篇

为渊驱鱼，为丛驱雀

只有统一战线的策略才是马克思列宁主义的策略。关门主义的策略则是孤家寡人的策略。关门主义"为渊驱鱼，为丛驱雀"，把"千千万万"和"浩浩荡荡"都赶到敌人那一边去，只博得敌人的喝采。

——《论反对日本帝国主义的策略》（一九三五年十二月二十七日）（《毛泽东选集》第一卷，人民出版社1991年6月第二版，第155页）

原典

"为渊驱鱼，为丛驱雀"摘自战国·孟子《孟子·离娄上》：

孟子曰："桀纣之失天下也，失其民也；失其民者，失其心也。得天下有道：得其民，斯得天下矣；得其民有道：得其心，斯得民矣；得其心有道：所欲与之聚之，所恶勿施，尔也。民之归仁也，犹水之就下、兽之走圹也。故为渊驱鱼者，獭也；为丛驱雀者，鹯也；为汤武驱民者，桀与纣也。"

注解

"仁"是孟子思想体系中最重要、最根本的内容。这段话就是孟子关于施行仁政、获取民心的有感而论。在孟子看来，桀、纣之所以失天下，其原因就在于不施仁政，无法笼络民心。他还列举"水獭想捉鱼吃，却把鱼赶到深渊去了；鹞鹰想捉麻雀吃，却把麻雀赶到丛林中去了"两个鲜活的例子，借此说明汤、武之所以得民心，一方面是他们施行仁政，另一方面是由于桀、纣不施行仁政，无形之中就把百姓的人心驱赶到对手那边去了。

后人从这段话中提炼出"为渊驱鱼""为丛驱雀"两个短语，用以比喻不善于团结人或笼络人，把可以依靠的力量赶到敌人方面去。

赏读

在反对日本帝国主义的侵略中，党究竟应该采取怎样的策略呢？1935年12月27日，毛泽东在党的活动分子会议上作了题为《论反对日本帝国主义的策略》的报告，系统回答了这个问题。

报告主要包括四个方面：目前政治形势的特点；建立广泛的民族革命统一战线；把工农共和国改变为人民共和国；如何看待国际援助。

毛泽东摘用"为渊驱鱼，为丛驱雀"，是在论述第二个问题时。

在反对日本帝国主义的策略上，存在着两个相反的策略："统一战线的策略和关门主义的策略。"统一战线的策略是"要招收广大的人马，好把敌人包围而消灭之"。关门主义的策略"则依靠单兵独马，去同强大的敌人打硬仗"。究竟哪一个策略对呢？毛泽东坚决地回答："赞成统一战线，反对关门主义。"

面对强大的日本侵略者，抗日应该结成最广泛的民族统一战线，这本应该是一个没有异议的问题，为什么毛泽东要花费大量精力来解释这个问题呢？

原来，当时在党内很多人都持有"民族资产阶级不可能和中国工农联合抗日"的观点。毛泽东理解这些人的顾虑，因为"这个阶级曾经参加过一九二四年至一九二七年的革命，随后又为这个革命的火焰所吓坏，站到人民的敌人即蒋介石集团那一方面去了"。但毛泽东同时指出，在斗争的某些阶段，民族资产阶级中间的一部分（左翼）是有参加斗争的可能的。在反对日本帝国主义的策略上，不应该对他们实行"关门主义"。

接着，毛泽东对"关门主义"的危害进行了详细论述，并摘用"为渊驱鱼，为丛驱雀"加以说明。他指出："关门主义在实际上是日本帝国主义和汉奸卖国贼的忠顺的奴仆。关门主义的所谓'纯粹'和'笔直'，是马克思列宁主义向之掌嘴，而日本帝国主义则向之嘉奖的东西。"在这个问题的最后，毛泽东再次发出呼吁："我们一定不要关门主义，我们要的是制日本帝国主义和汉奸卖国贼的死命的民族革命统一战线。"

一叶障目，不见泰山

然而速胜论者也是不对的。他们或则根本忘记了强弱这个矛盾，而单单记起了其他矛盾；或则对于中国的长处，夸大得离开了真实情况，变成另一种样子；或则拿一时一地的强弱现象代替了全体中的强弱现象，一叶障目，不见泰山，而自以为是。

——《论持久战》（一九三八年五月）（《毛泽东选集》第二卷，人民出版社1991年6月第二版，第458页）

原典

"一叶障目，不见泰山"摘自战国·《鹖冠子·天则》：

夫耳之主听，目之主明。一叶蔽目，不见泰山，两豆塞耳，不闻雷霆。

注解

《鹖冠子》是先秦道家兼及兵家著作，作者具名不详。据《汉书·艺文志》云，作者为"楚人"，"居深山，以鹖为冠"。根据书中记载的内容来看，作者应该是战国晚期甚至更晚时代人。现存版本是宋人陆佃作注而成的三卷十九篇。

上述引文大意是：耳朵的功能是听声音，而眼睛的功能是看东西。一片树叶遮住眼睛的话就连泰山也看不见了；两只耳朵中都塞上豆子，就是轰鸣的雷霆声也听不见了。后用"一叶障目，不见泰山"比喻为局部的、微小的事物所迷惑，看不到事情的全局、主流及本质。

赏读

在《论持久战》中的"亡国论是不对的，速胜论也是不对的"一篇中，毛泽东对亡国论和速胜论两种错误言论进行了深入分析。

毛泽东首先分析了亡国论和速胜论的错误。

亡国论为什么是错误的呢？毛泽东指出，持有这种观点的人只看到了日本强大、中国弱小的一面，并以此作为全部问题的论据，将此片面的东西夸大起来看成全体，带有强烈的个人主观性。就中日两国军事力量来看，的确是敌强我弱，但中国方面有坚强的抗日力量，同时，中国还有整个国际的援助。经过长时间的战争对峙，敌我双方的实力一定会发生转化，胜利必将属于中国一方。

速胜论为什么也是错误的呢？毛泽东指出：持这种观点的人"或则根本忘记了强弱这个矛盾，而单单记起了其他矛盾；或则对于中国的长处，夸大得离开了真实情况，变成另一种样子；或则拿一时一地的强弱现象代替了全体中的强弱现象"。针对这种现象，毛泽东摘用"一叶障目，不见泰山"这句古语形象地说明了这些人自以为是、只看片面不问全体的执拗态势。他们的共性是：没有勇气承认敌强我弱这件事实，还常常抹杀这一点，因此抹杀了真理的一方面；也没有勇气承认自己长处之有限性，因而抹杀了真理的又一方面。因为主观性和片面性的作怪，"他们由此犯出或大或小的错误来"。

"驳"完之后，毛泽东紧接着进行了两次"立"论。

亡国的危险是客观存在的。毛泽东指出，中国目前存在解放与亡国的两种可能性前途，中国共产党的任务即在于领导中国人民实现解放而避免亡国。持有这种观点的人与持有亡国论观点的人的不同之处就在于：前者客观地而且全面地承认亡国和解放两个可能性同时存在，着重指出解放的可能性占优势及达到解放的条件，并为争取这些条件而努力。而后者则主观地和片面地只承认亡国一个可能性，否认解放的可能性，更不会指出解放的条件和为争取这些条件而努力。同时，前者还看到了解放将逐步占据优势的必然前景，而后者只能怀着悲观的心情得出与前者相反的结论。

中国人民也喜欢速胜。但问题在于：没有一定的条件，速胜只存在于头脑之中，客观上是不存在的，只是幻想和假道理。根据之前对敌我双方军事力量和国际环境的分析，毛泽东得出结论：持久战才是争取最后胜利的唯一途径。我们现在所要做的，就是为争取最后胜利所必要的一切条件而努力。条件多具备一分，早具备一日，胜利的把握就多一分，胜利的时间就早一日。

明足以察秋毫之末，而不见舆薪

中国的若干阿Q主义者中间，我想很有一些可能进步的人，如果说，他们现在还不承认有所谓统一战线甚至于有所谓共产党存在的话，那末，谁也不能排除，于将来的某年某月某日，他们也能在名义上、实际上都承认共产党与统一战线的存在。中国从前有一个圣人，叫做孟子，他曾说："明足以察秋毫之末，而不见舆薪"。这句话，形容现在的阿Q主义者，是颇为适当的。

——《同美国记者斯诺的谈话》（一九三九年九月二十四日）（《毛泽东文集》第二卷，人民出版社1993年12月第一版，第239—240页）

原典

"明足以察秋毫之末，而不见舆薪"摘自战国·孟子《孟子·梁惠王上》：

（孟子）曰："有复于王者曰：'吾力足以举百钧，而不足以举一羽；明足以察秋毫之末，而不见舆薪。'则王许之乎？"

（齐宣王）曰："否。"

（孟子）曰："今恩足以及禽兽，而功不至于百姓者，独何与？然则一羽之不举，为不用力焉；舆薪之不见，为不用明焉；百姓之不见保，为不用恩焉。故王之不王，不为也，非不能也。"

注解

　　梁惠王，即魏惠王。梁国即魏国，原都安邑（今山西夏县北）。惠王九年（前362），迁都大梁（今河南开封），故又称梁惠王。《梁惠王上》是《孟子》的第一章，记述的是梁惠王问道孟子，以求有利于国的事情。孟子否定讲"利"，认为提倡仁义才能富国强兵。在弱肉强食的战国时代，梁惠王认为孟子的学说"迂阔而疏于事情"，不予采纳。梁惠王死后，魏襄王即位。孟子与之政见亦不合，遂入齐国。此时，正是齐宣王二年。

　　上述引文，是齐宣王就如何王霸天下一事问道孟子的一段对话。在这次对话中，孟子没有正面回答齐宣王的问题，而是由浅入深，循循诱导，逐步阐述仁义道德才是统一天下的"王道"的道理。"力足以举百钧，而不足以举一羽；明足以察秋毫之末，而不见舆薪"意思是：臂力能够举起百钧重量，却不能拿动一支羽毛；眼力能够看清楚秋天鸟身上的细毛，却看不见一车子的柴草。孟子用这个显然违背常理的现象试图说明"不愿做"和"不能做"的区别，以说服齐宣王接受施行仁义以霸天下的建议。成语"明察秋毫"即由此演变而来，用来形容人目光敏锐，能洞察事理，辨明真相。

赏读

　　国共第二次合作后，国民党虽然在事实上承认了共产党的合法地位，但并不肯平等对待之。在合作抗日的同时，他们仍大肆鼓吹"一个主义""一个政党""一个领袖"，并在1939年召开的国民党五届五中全会上制定了"溶共""限共""防共""反共"的方针，进一步限制共产党及其民主运动。

　　1939年9月下旬，美国记者斯诺访问延安。在24日同毛泽东谈话时，斯诺就如何看待国民党否认共产党的合法地位、否认统一战线的言论向毛泽东表达了问题。

对国民党这种掩耳盗铃的做法，毛泽东进行了有理有据的反驳。他说："中国早已有实际上的统一战线，在大多数人民的心中、口中、文字中、行动中，也已有了名义上的统一战线，这就是说，在大多数人的心中、口中、文字中、行动中，已有了名义上与实际上的统一战线。"

毛泽东将那些不承认统一战线存在的人比作鲁迅笔下的阿Q，对斯诺说："在一小部分人中间，他们也许实际上承认了统一战线，而在名义上却是不愿承认的，在他们的口头上与文字上是没有什么统一战线的。我们从前对于这些人的这样一种态度，称之为阿Q主义，因为在鲁迅先生小说中所描写的那个阿Q，就是天天说自己对、自己胜利，而人家则总是不对、总是失败的。在阿Q主义者看来，似乎没有什么是统一战线的。"

阿Q是鲁迅小说《阿Q正传》的主人公。他在受到侮辱时经常自我安慰，甚至在要被杀头的情况下，也以为自己是精神上的"胜利者"。后来，人们就将阿Q作为精神上假想、自我安慰的代名词。为了说明阿Q精神的危害，毛泽东举了希特勒的例子。希特勒不承认有苏联这个国家，只认为这是个名称，但最终却发现实际上存在这个国家，无奈地接受了这个现实。随后，毛泽东摘用"明足以察秋毫之末，而不见舆薪"来说明国内的某些人，之所以无视统一战线和共产党合法地位的存在，其实不是看不见，而是不愿看。但最终，这些像阿Q一样的人，会有像希特勒一样受了教育而觉悟的时候，最终会接受统一战线存在的事实。

日薄西山，气息奄奄，人命危浅，朝不虑夕

　　封建主义的思想体系和社会制度，是进了历史博物馆的东西了。资本主义的思想体系和社会制度，已有一部分进了博物馆（在苏联）；其余部分，也已"日薄西山，气息奄奄，人命危浅，朝不虑夕"，快进博物馆了。惟独共产主义的思想体系和社会制度，正以排山倒海之势，雷霆万钧之力，磅礴于全世界，而葆其美妙之青春。

　　——《新民主主义论》（一九四〇年一月）（《毛泽东选集》第2卷，人民出版社1991年6月第二版，第686页）

原典

　　"日薄西山，气息奄奄，人命危浅，朝不虑夕"摘自西晋·李密《陈情表》：

　　伏惟圣朝以孝治天下，凡在故老，犹蒙矜育，况臣孤苦，特为尤甚。且臣少事伪朝，历职郎署，本图宦达，不矜名节。今臣亡国贱俘，至微至陋，过蒙拔擢，宠命优渥，岂敢盘桓，有所希冀？但以刘日薄西山，气息奄奄，人命危浅，朝不虑夕。臣无祖母，无以至今日；祖母无臣，无以终余年。母孙二人，更相为命，是以区区不能废远。

注解

李密（223—287），字令伯，一名虔，犍为武阳（今四川彭山）人，蜀、晋时期文学家。早年丧父，母亲改嫁，祖母刘氏将其抚养长大。蜀后主时，历任尚书郎、大将军主簿、太子洗马等职。晋灭蜀后，李密成了"亡国贱俘"，在乡间讲学。晋武帝泰始三年（267），征为太子洗马。李密以祖母年迈无人奉养为由，固辞不受，并作《陈情表》呈送晋武帝。

《陈情表》主要包括四方面内容：第一部分，叙说自己家庭不幸和祖孙相依为命的情况；第二部分，感谢朝廷对自己恩遇有加，自己却因奉养祖母无法奉诏，身陷两难境地；第三部分，讲述自己从政经历和晋朝以孝治天下的国本，打消晋武帝的猜疑；第四部分，阐明陈情的目的——"愿乞终养"，表明先尽孝后尽忠的心志。《陈情表》情真意切，所陈之事，发自肺腑，入情入理，晋武帝阅后深受感动，慨然曰："士之有名，不虚然哉！"千百年来，人们常以忠则《出师》，孝则《陈情》，将两者并论，有"读《出师表》不哭者不忠，读《陈情表》不哭者不孝"的说法。

由于此文的流行，"日薄西山，气息奄奄，人命危浅，朝不虑夕"后转化为一组并列成语使用，形容人或事物处境危险或即将消逝。

赏读

1939年至1940年，就在抗日战争进入战略相持的紧张时刻，国民党顽固派却不断掀起反共活动的浪潮。一方面，他们由制造小规模的军事摩擦转向发动较大规模的武装进攻；另一方面，他们重点加强理论攻势，大肆鼓吹"一个主义""一个政党""一个领袖"，企图异化共产党的指导思想。

为了回击国民党顽固派，这一时期，在接连发表《〈共产党人〉发刊词》《目前形势和党的任务》《中国革命和中国共产党》后，毛泽东又撰写了《新民

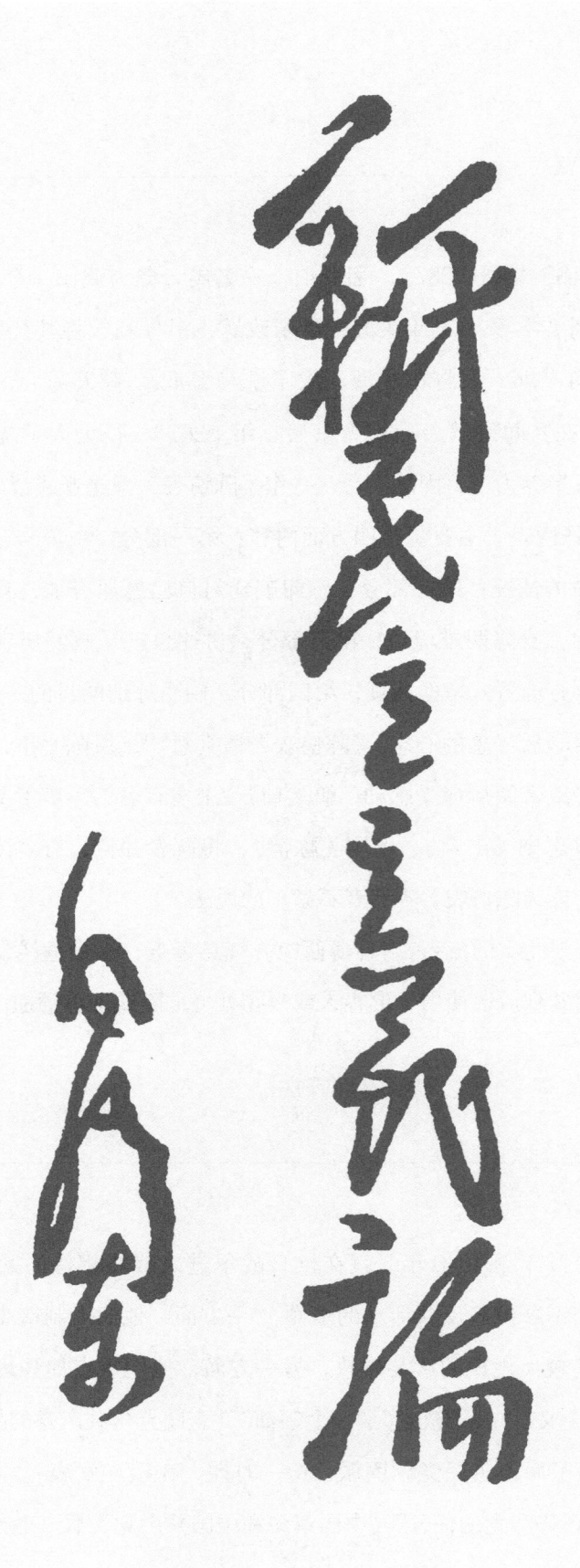

毛泽东为《新民主主义论》题写的书名

主主义论》。全文共分为15大部分，系统论述了中国革命的历史特点，新民主主义政治、经济、文化和新旧三民主义的异同等诸多内容。这篇文章也超越了"目的主要为驳顽固派"的初衷，其中论及的许多重要思想，成为解决中国民主革命问题的纲领指南。

毛泽东摘用"日薄西山，气息奄奄，人命危浅，朝不虑夕"是在本文的第九部分"驳顽固派"。

1937年7月15日，中共中央曾发出《为公布国共合作宣言》，指出："孙中山先生的三民主义为中国今日之必需，本党愿为其彻底的实现而奋斗。"此后，为了维护抗日民族统一战线，中共在不同场合多次强调要维护三民主义并为之奋斗的问题。然而，中共这种出于良好愿望的善意却被顽固派拿来大做文章，他们频频散发这样一种论调："你们既然又宣称'三民主义为中国今日之必需，本党愿为其彻底实现而奋斗'，那末，就把共产主义暂时收起好了。"

针对这一论调，毛泽东明确指出："这种议论，在所谓'一个主义'的标题之下，已经变成了狂妄的叫嚣。"接着，为了帮助这些"毫无常识"的顽固派明晰事理，毛泽东对共产主义作了比较形象的说明，"共产主义是无产阶级的整个思想体系，同时又是一种新的社会制度。……共产主义的思想体系和社会制度，正以排山倒海之势，雷霆万钧之力，磅礴于全世界，而葆其美妙之青春。"而对资本主义的思想体系和制度，毛泽东摘用"日薄西山，气息奄奄，人命危浅，朝不虑夕"形象地道出了其行将就木的必然结果，与美好、前途光明的共产主义形成了鲜明对比。

那么，共产党为什么要提出愿意为三民主义奋斗呢？毛泽东解释道，这是因为共产党的最低纲领和三民主义的政治原则是基本上相同的。接着，毛泽东系统阐释了三民主义和共产主义的异同点，将顽固派妄图以三民主义篡改并取代马克思主义和共产主义、实现资产阶级专制主义的阴谋暴露无遗。

正其谊不谋其利，
明其道不计其功

有许多的部队、机关、学校，在他们的生产活动中，负行政指挥责任的同志不大去管，甚至有少数人完全不闻不问，而仅仅委托于供给机关或总务处去管，这是由于还没有懂得经济工作的重要性的原故。其所以还不懂得，或则中了董仲舒们所谓"正其谊不谋其利，明其道不计其功"这些唯心的骗人的腐话之毒，还没有去掉得干净；或则以为政治、党务、军事是第一位的，是重要的，经济工作虽然也重要，但不会重要到那种程度，觉得自己不必分心或不必多分心去管它。但是这些想法全是不对的。

——《经济问题与财政问题（节选）》（一九四二年十二月）（《毛泽东文集》第二卷，人民出版社1993年12月第一版，第464—465页）

原典

"正其谊不谋其利，明其道不计其功"摘自东汉·班固《汉书·董仲舒传》：

（董仲舒）对曰："夫仁人者，正其谊不谋其利，明其道不计其功，是以仲尼之门，五尺之童羞称五伯，为其先诈力而后仁谊也。苟为诈而已，故不足称于大君子之门也。五伯比于他诸侯为贤，其比三王，犹武夫之与美玉也。"

注解

上述引文是汉代儒学家董仲舒回答江都王刘非问政时的话,大意是:仁义之人,要使别人行正道而不顾利益,使别人明白事理却不考虑功劳。所以孔子的门庭中,即使是五尺高的孩子,谈论起五霸来也会感到羞辱,因为他们是先使用诡诈阴谋称霸后而施行仁义。替别人谋诈而获得成功,所以不能在君子面前乐道。五霸和其他诸侯比起来是有才能的,但和夏禹、商汤、周文王相比,不过是武夫(武夫,即珷玞,似玉的石头——引者注)比之美玉罢了。

在义、利问题上,孔子一向认为"义贵于利",主张舍"利"而取"义"。孔子之后的董仲舒承袭了孔子的观点。"正其谊不谋其利,明其道不计其功"的精义即:言行应合乎正义,不谋个人私利。

赏读

从1940年开始,在日本侵略军的疯狂"扫荡"和国民党顽固派的严密封锁下,陕甘宁边区和其他敌后抗日根据地一样,出现了严重的经济困难,到1941年进入极端困难时期。

为保证陕甘宁边区的持续发展、解决根据地老百姓的衣食温饱问题,毛泽东等中共领导人花了大量时间和精力来研究经济问题,提出了具体解决方案。经过一年多的努力,到1942年底,陕甘宁边区终于在经济上度过了最艰难的时期。12月,毛泽东在西北局高干会议上提交长篇书面报告《经济问题与财政问题》,对经济工作经验进行了总结。

1993年12月,《毛泽东文集》第二卷出版时,选取了七个方面的内容予以发表。这七个方面的内容是:一、表扬广大边区同志不惧困难、认真负责的精神;二、如何建设公营经济事业;三、建立经济核算制,克服各企业内部的混乱状态；四、改善工厂的组织与管理，克服工厂机关化与纪律松懈状态；五、批评轻视或不很重视经济工作的错误现象；六、总结边区经济工作，鼓励同志们再接再厉；七、明确边区未来工作之方向。

毛泽东摘用"正其谊不谋其利，明其道不计其功"是在本文的第五部分。

在严峻的军事斗争形势下，党内一部分干部思想上存在着重军事、轻经济的问题。毛泽东直截了当地指出了这种错误，认为其中一个原因是中了"正其谊不谋其利，明其道不计其功"这些唯心的骗人的腐话之毒。在董仲舒看来，仁者做事情的出发点在于它合不合乎儒家的道义，而不是贪图一个功利的结果。这句话，就为一千多年后的经济思想奠定了基调。到明代，朱熹甚至将其作为《白鹿洞书院学规》的信条理念，要求弟子恪守。这里，毛泽东彻底否定了这些封建糟粕的经济学观点。

接着，毛泽东进一步强调陕甘宁边区当前的中心工作就是经济工作与教育工作，"其他工作都是围绕着这两项工作而有其意义"。"两项工作中，教育（或学习）是不能孤立地去进行的，我们不是处在'学也，禄在其中'的时代，我们不能饿着肚子去'正谊明道'，我们必须弄饭吃，我们必须注意经济工作。离开经济工作而谈教育或学习，不过是多余的空话。""学也，禄在其中"摘自《论语·卫灵公》："君子谋道不谋食。耕也，馁在其中矣；学也，禄在其中矣。君子忧道不忧贫。"这是一段体现孔子"重义轻利"思想的话，大意是：君子之为，在于谋求道义而不是利益。耕地，也有挨饿的时候；学道，也能得到俸禄啊！君子所忧患的是没有得到道义，不患物质生活的贫困。

最后，毛泽东指出忽视经济工作的危害性："离开经济工作而谈'革命'，不过是革财政厅的命，革自己的命，敌人是丝毫也不会被你伤着的。"他要求各级领导干部："必须同时充分地注意经济工作的领导，要调查研究经济工作的内容，负责制订经济工作的计划，配备经济工作的干部，检查经济工作的成效，再不要将此项极端重要的工作仅仅委托于供给部门或总务部门就算完事。"

群居终日，言不及义，好行小惠，难矣哉

要搞社会主义。"确保私有"是受了资产阶级的影响。"群居终日，言不及义，好行小惠，难矣哉"。"言不及义"就是言不及社会主义，不搞社会主义。

——《关于农业互助合作的两次谈话》（一九五三年十一月四日）（《毛泽东文集》第六卷，人民出版社1999年6月第一版，第302页）

原典

"群居终日，言不及义，好行小惠，难矣哉"摘自春秋·孔子《论语·卫灵公》：

子曰："群居终日，言不及义，好行小惠，难矣哉！"

注解

《论语·卫灵公》记载的主要是孔子及其弟子周游列国时倡导以仁义治国理政的言论。上述引文大意是：相聚群居，终日不散，言谈从不涉及义理，专好卖弄小聪明，对这样的人教育起来真是困难啊！

赏读

1952年冬至1953年春，农业互助合作运动中出现了急躁冒进的倾向。为了解决问题，中共中央决定于1953年10月26日至11月5日在北京召开第三次农业互助合作会议。

为了开好这次会议，10月15日，毛泽东找来中央农村工作部副部长陈伯达、廖鲁言谈话，就办好农业生产合作社等事宜与二人进行了商榷。11月4日，即大会闭幕的前一天，毛泽东再次约见二人就同一问题阐述了自己的观点。这两次谈话内容，后以《关于农业互助合作的两次谈话》为题，收入《毛泽东文集》第六卷。

毛泽东摘用"群居终日，言不及义，好行小惠，难矣哉"，是在11月14日的谈话中。

谈话的主旨是要求各级领导干部在发展农业互助合作时要将其与社会主义的发展结合起来。毛泽东指出："做一切工作，必须切合实际，不合实际就错了。切合实际就是要看需要与可能，可能就是包括政治条件、经济条件和干部条件。发展农业生产合作社，现在是既需要，又可能，潜在力很大。"

针对目前农业合作化运动中出现的"确保私有"错误观点，毛泽东强调农业合作化运动中也要搞社会主义，私有制不是社会主义，并摘用"群居终日，言不及义，好行小惠，难矣哉"这句古语对这一问题进行具体阐述。

毛泽东认为，现在有些干部，在带领农民开展合作化的时候，受了资产阶级"确保私有"思想的影响，不搞社会主义。尽管他们也搞农贷，发救济粮，依率计征，依法减免，兴修小型水利，打井开渠，深耕密植，合理施肥，推广新式步犁、水车、喷雾器、农药，反对"五多"，等等，但是他们不靠社会主义，只在小农经济基础上搞这一套。这种做法就是对农民行小惠。

那么，如何才能尽快摆脱农村贫穷农业落后给农民以"大惠"呢？毛泽东进一步指出，要将农业合作化运动"跟总路线、社会主义联系起来"。唯有如此，才能让农民得到更大的实惠。

这里，毛泽东将"义"喻为社会主义，将"惠"理解成不搞社会主义，只改变农民一些生产现状，不从根本上解决问题的错误做法，对当时农业互助合作工作中存在的问题婉转地提出了批评，使分管农业工作的领导同志深刻认识到：这种错误做法如果继续下去，"希望大增产粮食，解决粮食问题，解决国计民生的大计，那真是难矣哉"。

孳孳为利者，跖之徒也

有资产阶级的好大喜功，有无产阶级的好大喜功，两种好大喜功。有资产阶级的急功近利，有无产阶级的急功近利。"孳孳为利者，跖之徒也"，这大概是今天的资产阶级的一类。孜孜为利者，资本家之徒也。我们呢？我们就是另外一种急功近利。

——《在第十五次最高国务会议上的讲话》（一九五八年九月五日）（《建国以来毛泽东文稿》第七册，中央文献出版社1992年8月第一版，第379页）

原典

"孳孳为利者，跖之徒也"摘自战国·孟子《孟子·尽心上》：

孟子曰："鸡鸣而起，孳孳为善者，舜之徒也；鸡鸣而起，孳孳为利者，跖之徒也。欲知舜与跖之分，无他，利与善之间也。"

注解

儒家人物轻利重义、舍利取义，上述引文即表达了这种"义利观"。大意是：鸡叫便起床，孜孜不倦地行善的人，是舜一样的人物；鸡叫便起床，孜孜不倦地求利的人，是盗跖一类的人物。要想知道舜和跖有什么区别，没有别的，利和义的不同罢了。

孳孳，同"孜孜"，勤勉不懈的样子。跖，相传为柳下惠的弟弟，春秋战国之际的奴隶起义领袖，先秦古籍中诬其为"盗跖"，后称其为盗贼的祖先。善，义。间，区别。

赏读

为了尽快改变国家落后和人民贫困的面貌，从1956年初开始，毛泽东在多种场合多次提到要加快建设步伐。到1958年初，中国经济建设中出现了急功近利的冒进行为，一些批评共产党"好大喜功、急功近利"的声音也出现了。毛泽东虽然意识到了这个问题，但觉得可以解决，经济建设的步伐不能慢下来。

1958年9月5日至8日，第十五次国务会议在北京举行。开幕会上，毛泽东就经济发展问题作了主题发言，再次肯定了"鼓足干劲、力争上游、多快好省"的经济建设方针。对于那些批评这条方针是"好大喜功、急功近利"的言论，毛泽东认为这是"对于辩证唯物主义和历史唯物主义、马克思主义政治经济学、无产阶级斗争和无产阶级专政这三门科学或者是了解得不深不透，或者简直就不大去理会"所致。

毛泽东认为，"好大喜功"和"急功近利"有资产阶级的和无产阶级的之分：资产阶级的"急功近利"是"孳孳为利者，跖之徒也"，是资本家剥削无产阶级、获取剩余价值的做法；而无产阶级的"急功近利"是广大干群鼓足干劲建设新中国、改善生活的正确做法。

讲话的最后，毛泽东阐释了当前国内国际的形势，进一步强调了调动人民积极性加快经济建设的重要性和紧迫性。

毛泽东的讲话，鼓舞了加快经济建设的热情，但他用阶级观点区分资产阶级与无产阶级在追求经济利益方面的不同，是不恰当的。实际上，在追求经济利益上，"孳孳为利者，跖之徒也"固然有其不足，却也不是一无是处，仅仅以求"善"还是求"利"的标准来判定是非，是片面的。

足将进而趑趄，口将言而嗫嚅

这个同志的好处是把自己的思想和盘托出。这跟我们看见的另一些同志，他们对党和人民的主要工作基本上不是高兴，而是不满，对成绩估计很不足，对缺点估计过高，为现在的困难所吓倒，对干部不是鼓劲而是泄气，对前途信心不足，甚至丧失信心，但是不愿意讲出自己的想法和看法，或者讲一点留一点，而采取"足将进而趑趄，口将言而嗫嚅"、躲躲闪闪的态度，大不相同。

——《对于一封信的评论》（一九五九年七月二十六日）（《建国以来毛泽东文稿》第八册，中央文献出版社1993年1月第一版，第377—378页）

原典

"足将进而趑趄，口将言而嗫嚅"摘自唐·韩愈《送李愿归盘谷序》：

伺候于公卿之门，奔走于形势之途。足将进而趑趄，口将言而嗫嚅。处污秽而不羞，触刑辟而诛戮。侥幸于万一，老死而后止者，其于为人，贤不肖何如也？

注解

这篇序文写于唐德宗贞元十七年（801）。时年34岁的韩愈，离开徐州幕府到京城谋求发展。至此，韩愈已经为仕途奔走了近十个春秋，却始终未得重用。韩愈壮志难酬，心情抑郁，于是借送友人李愿归隐盘谷（在今河南济源县城北二十里）之机，作序相赠，一吐愤懑之气。苏轼有赞曰："欧阳文忠公尝谓晋无文章，惟陶渊明《归去来》一篇而已。余亦以谓唐无文章，惟韩退之《送李愿归盘谷》一篇而已。"

序文借李愿之口描绘了三类人：一是"坐于庙朝，进退百官"的达官贵人，他们过着奴役他人，酒肉声色的生活；二是"穷居而闲处，升高而望远"的山林隐士，他们过着安然自乐，无拘无束的日子；三是"伺候于公卿之门，奔走于形势之途"的阿谀奉承之人，他们溜须拍马，战战兢兢，过着为人不齿的生活。

上述引文描写的是第三类人，大意是：这些人伺候于显贵门下，在通往权势地位的路上不停奔走，想要抬脚进门却行止不前，想要开口说话却又不敢说出。他们处于污浊之中而不知羞耻，触犯了刑法而遭到诛杀。希望获得非分名利的微小机会，直到老死才肯罢休。这样的人究竟是好还是不好呢？"足将进而趑趄，口将言而嗫嚅"原本是描绘阿谀奉承之人谨小慎微、奴性十足的形象，后用来形容将进又退、欲言又止的样子。

赏读

1959年6月9日，刚刚从国家计委调任东北协作区委员会办公厅综合组任组长的李云仲写信给毛泽东，谈了从1958年第四季度以来经济工作中存在的问题。

李云仲认为目前经济生活中主要存在六方面问题：一、工作中犯有"左"

倾冒险主义的错误；二、主观主义在很大程度上蔓延；三、1958年大炼钢铁运动抽调了大量劳动力，对1959年的农业生产产生了极大影响；四、计划工作中缺少检查和调研；五、产、供、销的脱节对市场和生产影响很大；六、浪费现象在一定程度上有所抬头。

毛泽东对李云仲反映的问题非常重视。7月26日，他写下了一段两千多字的批语，并拟了个题目：《对于一封信的评论》。

在评论中，毛泽东对李云仲写信的做法和提到的问题发表了看法。他虽然对李云仲只提缺点不讲成绩、全盘否定党在1958年以来经济工作的做法提出了异议，但充分肯定了李云仲这种把自己的想法全盘托出、无所保留的行为。这与那些虽然看到了缺点但不愿讲出想法、或者保留一点的人是不同的。这里，毛泽东摘用了"足将进而越趄，口将言而嗫嚅"形象生动地表现了这些人畏首畏尾、躲躲闪闪的样子。为引起重视，毛泽东建议将此信在中央一级和地方一级的党组织中传阅并讨论。后来，毛泽东的评论和李云仲的信，作为庐山会议文件印发。

参考书目（古籍部分）

信念篇

生死安足论：刘文源校笺《文天祥诗集校笺》，中华书局 2017 年 12 月第一版，2017 年 12 月第 1 次印刷，第 1272—1273 页。

人固有一死，死或重于泰山，或轻于鸿毛：钟基、李先银、王身钢译注《古文观止》（上），中华书局 2011 年 5 月第一版，2020 年 5 月第 18 次印刷，第 359 页。

鞠躬尽力，死而后已：钟基、李先银、王身钢译注《古文观止》（上），中华书局 2011 年 5 月第二版，2020 年 5 月第 18 次印刷，第 461 页。

民不畏死，奈何以死惧之：陈鼓应著《老子注译及评价》（修订增补本），中华书局 2009 年 2 月第二版，2010 年 10 月第 15 次印刷，第 325 页。

黄沙百战穿金甲，不破楼兰誓不还：《唐诗鉴赏辞典》，上海辞书出版社 2004 年 12 月第二版，2010 年 8 月第 58 次印刷，第 118 页。

登高壮观天地间，大江茫茫去不返：《唐诗鉴赏辞典》，上海辞书出版社 2004 年 12 月第二版，2010 年 8 月第 58 次印刷，第 296—297 页。

为政篇

我劝天公重抖擞,不拘一格降人材:《元明清诗鉴赏辞典》(清·近代),上海辞书出版社 1994 年 12 月第一版,2013 年 5 月第 21 次印刷,第 1446 页。

函关月落听鸡度:《元明清诗鉴赏辞典》(辽·金·元·明),上海辞书出版社 1994 年 12 月第一版,2010 年 7 月第 18 次印刷,第 311 页。

贤者在位,能者在职:杨伯峻《孟子译注》,中华书局 2016 年 6 月第一版,2018 年 4 月第 2 次印刷,第 79 页。

百姓足,君孰与不足:程树德撰,程俊英、蒋见元点校《论语集释》(下),中华书局 2013 年 3 月第一版,2017 年 10 月第 3 次印刷,第 974—981 页。

君子之泽,五世而斩:杨伯峻《孟子译注》,中华书局 2016 年 6 月第一版,2018 年 4 月第 2 次印刷,第 211 页。

仁义不施,而攻守之势异也:钟基、李先银、王身钢译注《古文观止》(上),中华书局 2011 年 5 月第一版,2020 年 5 月第 18 次印刷,第 381 页。

劝学篇

君子之志于道也,不成章不达:杨伯峻《孟子译注》,中华书局 2016 年 6 月第一版,2018 年 4 月第 2 次印刷,第 346 页。

莫道君行早:余淮生注《增广贤文 朱子家训 袁氏世范》,黄山书社 2003 年 6 月第一版,2003 年 6 月第 1 次印刷,第 4 页。

人不通古今,马牛而襟裾:《全唐诗》(卷三百四十一),中华书局 1960 年 4 月第一版,2003 年 7 月第 7 次印刷,第 3822 页。

心之官则思:杨伯峻《孟子译注》,中华书局 2016 年 6 月第一版,2018 年 4 月第 2 次印刷,第 298 页。

知之为知之,不知为不知,是知也:程树德撰,程俊英、蒋见元点校《论语集释》（上），中华书局 2013 年 3 月第一版，2017 年 10 月第 3 次印刷，第 128 页。

逝者如斯夫：程树德撰，程俊英、蒋见元点校《论语集释》（上），中华书局 2013 年 3 月第一版，2017 年 10 月第 3 次印刷，第 704 页。

尽信《书》则不如无《书》：杨伯峻《孟子译注》，中华书局 2016 年 6 月第一版，2018 年 4 月第 2 次印刷，第 363 页。

修身篇

人而无信，不知其可：程树德撰，程俊英、蒋见元点校《论语集释》（上），中华书局 2013 年 3 月第一版，2017 年 10 月第 3 次印刷，第 146 页。

言必信，行必果：程树德撰，程俊英、蒋见元点校《论语集释》（下），中华书局 2013 年 3 月第一版，2017 年 10 月第 3 次印刷，第 1066 页。

知无不言，言无不尽：《宋本嘉祐集》，国家图书馆出版社 2019 年 8 月第一版，2019 年 8 月第 1 次印刷，第 48 页。

七十而从心所欲，不逾矩：程树德撰，程俊英、蒋见元点校《论语集释》（上），中华书局 2013 年 3 月第一版，2017 年 10 月第 3 次印刷，第 82—88 页。

黎明即起，洒扫庭除：余淮生注《增广贤文 朱子家训 袁氏世范》，黄山书社 2003 年 6 月第一版，2003 年 6 月第 1 次印刷，第 1 页。

盈缩之期，不但在天；养怡之福，可得永年：《汉魏六朝诗鉴赏辞典》，上海辞书出版社 1992 年 9 月第一版，2014 年 1 月第 27 次印刷，第 204 页。

盛名之下，其实难副：《后汉书》（卷六十一），中华书局 1965 年 5 月第一版，中华书局 1965 年 5 月第 1 次印刷，第 2032 页。

千日行善，善犹不足；一日行恶，恶常有余：转引自《毛泽东读文史古籍批语集》，中央文献出版社 1993 年 11 月第一版，1993 年 11 月第 1 次印刷，第 74 页。

方法篇

言不必信，行不必果，惟义所在：杨伯峻《孟子译注》，中华书局2016年6月第一版，2018年4月第2次印刷，第205页。

引而不发，跃如也：杨伯峻《孟子译注》，中华书局2016年6月第一版，2018年4月第2次印刷，第357页。

避其锐气，击其惰归：杨炳安著《孙子集校》，中华书局1959年9月第一版，1959年9月第1次印刷，第39页。

运用之妙，存乎一心：《宋史》（卷三百六十五），中华书局1985年6月第一版，1985年6月第1次印刷，第11376页。

行成于思：钟基、李先银、王身钢译注《古文观止》（下），中华书局2011年5月第一版，2020年5月第18次印刷，第558页。

即以其人之道，还治其人之身：《四书章句集注·中庸章句》，中华书局1983年10月第一版，2005年9月第1次印刷，第23页。

临事而惧，好谋而成：程树德撰，程俊英、蒋见元点校《论语集释》（上），中华书局2013年3月第一版，2017年10月第3次印刷，第520—522页。

一张一弛，文武之道：王文锦译《礼记译解》（下），中华书局2001年9月第一版，2013年7月第7次印刷，第630页。

立片言而居要，乃一篇之警策：《古文鉴赏辞典》（上），上海辞书出版社2014年7月第一版，2019年10月第12次印刷，第535页。

事出于沈思，义归乎翰藻：《文选》（第一册），上海古籍出版社1986年6月第一版，2005年5月第6次印刷，第3页。

纠错篇

兄弟阋于墙，外御其务：程俊英、蒋见元著《诗经注析》（下），中华书局1991年10月第一版，2010年6月第9次印刷，第447—451页

覆巢之下，复有完卵：徐震堮著《世说新语校笺》（上），中华书局1984年2月第一版，2001年8月第7次印刷，第32页。

吾恐季孙之忧，不在颛臾，而在萧墙之内：程树德撰，程俊英、蒋见元点校《论语集释》（下），中华书局2013年3月第一版，2017年10月第3次印刷，第1305页。

盲人骑瞎马，夜半临深池：徐震堮著《世说新语校笺》（下），中华书局1984年2月第一版，2001年8月第7次印刷，第440页。

既不能令，又不受命，是绝物也：杨伯峻《孟子译注》，中华书局2016年6月第一版，2018年4月第2次印刷，第180页

犯法者，三原，然后乃行刑：《三国志》（卷八），中华书局1982年7月第二版，1982年7月第2次印刷，第263页。

迷途知反，往哲是与，不远而复，先典攸高：《南史》（卷六十一），中华书局1975年6月第一版，1975年6月第1次印刷，第1496页。

情谊篇

悲叹有馀哀：黄节笺注《曹子建诗注》，中华书局2008年1月第一版，2008年1月第1次印刷，第10页。

欲报之德，昊天罔极：程俊英、蒋见元著《诗经注析》（下），中华书局1991年10月第一版，2010年6月第9次印刷，第626—628页。

挥手自兹去：《唐诗鉴赏辞典》，上海辞书出版社2004年12月第二版，2010年8月第58次印刷，第316页。

嘤其鸣矣，求其友声：程俊英、蒋见元著《诗经注析》（下），中华书局1991年10月第一版，2010年6月第9次印刷，第454—456页。

悲莫悲兮生别离，乐莫乐兮新相知：聂石樵《楚辞新注》，上海古籍出版社1980年8月第一版，1980年8月第1次印刷，第45页。

秋风万里芙蓉国，暮雨千家薜荔村：《全唐诗》（卷七百六十四），中华书局1960年4月第一版，2003年7月第7次印刷，第8672页。

投我以木桃，报之以琼瑶：程俊英、蒋见元著《诗经注析》（上），中华书局1991年10月第一版，2010年6月第9次印刷，第192—193页。

哲思篇

天不变，道亦不变：《汉书》（卷五十六），中华书局1962年6月第一版，1962年6月第1次印刷，第2519页。

向使当初身便死，一生真伪复谁知：《唐诗鉴赏辞典》，上海辞书出版社2004年12月第二版，2010年8月第58次印刷，第902页。

流水不腐，户枢不蝼：王范之著《吕氏春秋选注》，中华书局1981年8月第一版，1981年8月第1次印刷，第25页。

其作始也简，其将毕也必巨：孙通海译注《庄子》，中华书局2007年3月第一版，2007年3月第1次印刷，第77页。

天若有情天亦老：《唐诗鉴赏辞典》，上海辞书出版社2004年12月第二版，2010年8月第58次印刷，第1018页。

夫物之不齐，物之情也：杨伯峻《孟子译注》，中华书局2016年6月第一版，2018年4月第2次印刷，第134页。

沉舟侧畔千帆过，病树前头万木春：《唐诗鉴赏辞典》，上海辞书出版社2004年12月第二版，2010年8月第58次印刷，第829页。

一尺之棰，日取其半，万世不竭：孙通海译注《庄子》，中华书局2007年3

月第一版，2007 年 3 月第 1 次印刷，第 383 页。

太仪斡运，天回地游：逯钦立辑校《先秦汉魏晋南北朝诗》（上），中华书局 1983 年 9 月第一版，1998 年 5 月第 4 次印刷，第 615 页。

史鉴篇

千人所指，无病而死：《汉书》（卷八十六），中华书局 1962 年 6 月第一版，1962 年 6 月第 1 次印刷，第 3498 页。

卧榻之侧，岂容他人酣睡：《桯史》，中华书局 1981 年 12 月第一版，2013 年 5 月第 5 次印刷，第 3 页。

不去庆父，鲁难未已：杨伯峻编著《春秋左传（修订本）》（一），中华书局 1990 年 5 月第二版，2008 年 7 月第 9 次印刷，第 257 页。

五日京兆：《汉书》（卷七十六），中华书局 1962 年 6 月第一版，1962 年 6 月第 1 次印刷，第 3223 页。

非圣诬法，大乱之殃：《汉书》（卷六十八），中华书局 1962 年 6 月第一版，1962 年 6 月第 1 次印刷，第 2965 页。

风云帐下奇儿在，鼓角灯前老泪多：《海珊诗钞注》，华东师范大学出版社 2019 年 12 月第一版，2019 年 12 月第 1 次印刷，第 154 页。

坑灰未冷山东乱，刘项原来不读书：《唐诗鉴赏辞典》，上海辞书出版社 2004 年 12 月第二版，2010 年 8 月第 58 次印刷，第 1342 页。

魏帝营八极，蚁视一祢衡：《唐诗鉴赏辞典》，上海辞书出版社 2004 年 12 月第二版，2010 年 8 月第 58 次印刷，第 348 页。

时来天地皆同力，运去英雄不自由：《全唐诗》（卷三百四十一），中华书局 1960 年 4 月第一版，2003 年 7 月第 7 次印刷，第 7550 页。

天津桥上无人识，闲独栏杆看落晖：《全唐诗》（卷七百三十三），中华书局 1960 年 4 月第一版，2003 年 7 月第 7 次印刷，第 8384 页。

讽喻篇

为渊驱鱼，为丛驱雀：杨伯峻《孟子译注》，中华书局2016年6月第一版，2018年4月第2次印刷，第183页。

一叶障目，不见泰山：黄怀信撰《鹖冠子校注》，中华书局2014年3月第一版，2014年3月第1次印刷，第54页。

明足以察秋毫之末，而不见舆薪：杨伯峻《孟子译注》，中华书局2016年6月第一版，2018年4月第2次印刷，第16页。

日薄西山，气息奄奄，人命危浅，朝不虑夕：钟基、李先银、王身钢译注《古文观止》（上），中华书局2011年5月第一版，2020年5月第18次印刷，第466页。

正其谊不谋其利，明其道不计其功：《汉书》（卷五十六），中华书局1962年6月第一版，1962年6月第1次印刷，第2524页。

群居终日，言不及义，好行小惠，难矣哉：程树德撰，程俊英、蒋见元点校《论语集释》（下），中华书局2013年3月第一版，2017年10月第3次印刷，第1260页。

孳孳为利者，跖之徒也：杨伯峻《孟子译注》，中华书局2016年6月第一版，2018年4月第2次印刷，第347页。

足将进而趑趄，口将言而嗫嚅：《韩愈文集汇校笺注》（卷九），中华书局2010年8月第一版，2010年8月第1次印刷，第1031页。

图书在版编目（CIP）数据

落笔成章：毛泽东妙用诗文典故 / 曾珺著.
北京：东方出版社，2025.4.
-- ISBN 978-7-5207-4099-9

Ⅰ.A841

中国国家版本馆 CIP 数据核字第 2024S3E275 号

落笔成章——毛泽东妙用诗文典故
（LUOBICHENGZHANG —— MAO ZEDONG MIAOYONG SHIWEN DIANGU）

作　　者：	曾　珺
责任编辑：	姬　利　柳明慧
出　　版：	东方出版社
发　　行：	人民东方出版传媒有限公司
地　　址：	北京市东城区朝阳门内大街 166 号
邮　　编：	100010
印　　刷：	鸿博昊天科技有限公司
版　　次：	2025 年 4 月第 1 版
印　　次：	2025 年 4 月第 1 次印刷
开　　本：	787 毫米 ×1092 毫米　1/16
印　　张：	20
字　　数：	289 千字
书　　号：	ISBN 978-7-5207-4099-9
定　　价：	98.00 元

发行电话：（010）85924663　85924644　85924641

版权所有，违者必究
如有印装质量问题，我社负责调换，请拨打电话：（010）85924602　85924603